AF296030

LA CHANOINESSE

MADAME EUGÉNIE DE POMEY

1814-1881

NOTICE BIOGRAPHIQUE

PAR

le R. P. Alexis ARDUIN, O. C. R.

LYON

Imprimerie MOUGIN-RUSAND, WALTENER & Cⁱᵉ, Succʳˢ

3, rue Stella, 3

1902

LA CHANOINESSE

MME EUGÉNIE DE POMEY

1814-1881

Mᵐᵉ ʟᴀ Cʜᴀɴᴏɪɴᴇssᴇ Eᴜɢᴇ́ɴɪᴇ ᴅᴇ Pᴏᴍᴇʏ

LA CHANOINESSE
MADAME EUGÉNIE DE POMEY
1814-1881

NOTICE BIOGRAPHIQUE

PAR

le R. P. Alexis ARDUIN, O. C. R.

LYON

Imprimerie MOUGIN-RUSAND, WALTENER & Cie, Succ^{rs}
3, rue Stella, 3

1902

IMPRIMATUR

Lugduni, die 27 decembris 1901.

A. BONNARDET

V. G.

IMPRIMATUR

Romæ, 7 januarii, 1902.

Fr. M. Sebastianus WYART

Abbas Cistercii.

MME EUGÉNIE DE POMEY

1814-1881

AVANT-PROPOS

INGT ans se sont écoulés depuis que Dieu a rappelé à lui Mme la Chanoinesse Eugénie de Pomey, dont nous entreprenons aujourd'hui d'écrire la biographie. Le parfum de ses vertus et de ses exemples embaume encore le souvenir de ceux qui ont eu le bonheur de la connaître ; les œuvres de charité et de piété qu'elle a fondées attestent, maintenant encore, par leur vitalité et par le bien qu'elles continuent à produire, la sagesse et la prévoyance de la Chanoinesse ; sa mémoire est restée en vénération dans sa famille et dans sa paroisse, où elle a été pendant toute sa vie, la providence visible des pauvres, des malades et des abandonnés ; son nom restera sans doute longtemps attaché aux monuments d'utilité publique et chrétienne élevés par son initiative et par ses soins dans la commune d'Amplepuis. Mais moins durable peut-être serait, dans le souvenir de la génération qui nous suit, l'admiration respectueuse due à ses vertus intérieures, à ce travail incessant de perfection de son âme qu'elle poursuivit avec une constante ardeur pendant plus de cinquante ans, 'à l'édification qu'elle répandit autour d'elle par sa modestie, son humilité, sa piété profonde et toujours aimable, sa fidélité à tous ses devoirs, en un mot par son union étroite avec Dieu, dans la pratique de la vie surnaturelle; source unique et féconde des œuvres extérieures qu'elle a accomplies et par lesquelles elle est surtout connue.

C'est afin de conserver quelques traits de la physionomie intérieure et des vertus cachées de la vénérée Chanoinesse qu'on nous a demandé de rédiger une courte notice sur son existence si belle et si bien remplie, dans le but de faire connaître surtout son âme.

Cette tâche était d'autant moins facile que Mme Eugénie de Pomey prenait plus de soin à cacher les grâces qu'elle recevait de Dieu et l'usage qu'elle en faisait ; à dissimuler ses pratiques de pénitence et de mortification, son obéissance, sa pauvreté volontaire, toutes ses vertus intérieures, les dérobant, autant qu'elle le pouvait, sous les voiles de la simplicité, d'une vie extérieure toute ordinaire, qui ne la distinguait à peu près en rien des autres fidèles pieux au milieu desquels elle vivait.

Le bon Dieu a permis toutefois qu'il en restât quelques traces soit dans le souvenir des quelques personnes qui vécurent dans son intimité, soit dans quelques cahiers qu'on a retrouvés après sa mort et qu'elle n'eut pas le temps de détruire comme tant d'autres, où elle écrivait son règlement de vie, ses résolutions, des prières, des méditations et autres pensées intimes ; soit dans quelques-unes de ses lettres, dont, malheureusement, on n'a conservé qu'un très petit nombre. Ces documents nous ont fourni de nombreux éléments pour notre modeste travail.

Mais nous avons mis surtout à contribution des notes abondantes et fort précieuses, rédigées avec amour par l'une de ses nièces, Mme de Fraix de Figon, dans lesquelles elle a pieusement recueilli tous ses souvenirs personnels et une foule de renseignements venus de divers côtés sur celle qu'elle nomme sa *sainte Tante*. Ces notes, nous devons le dire, forment, presque sans modification, le fonds de notre récit, et nous devons ajouter que ce sont elles qui ont rendu possible la notice qui va suivre. Nous nous y référons quelquefois explicitement dans le cours de cette biographie ; mais, le plus souvent, nous les avons utilisées à peu près textuellement, en les fondant, sans en avertir, dans notre rédaction, dont elles constituent, nous le répétons, le fonds principal.

M. le vicomte Paul de Varax, neveu par alliance de la Chanoinesse, a bien voulu mettre obligeamment à notre disposition toutes les pièces des archives du château de Rochefort qui ont trait à la vénérée Chanoinesse, et plusieurs documents relatifs à sa famille tant paternelle que maternelle. Nous avons fait appel, enfin, à nos propres souvenirs, où se conservent à jamais, en caractères vivants, non seulement l'image de la douce et noble figure de Mme de Pomey, mais aussi et surtout l'impression suave et bienfaisante des longues et fréquentes relations que nous avons eu le bonheur d'entretenir avec notre admirable compatriote.

Telles sont les sources où nous avons puisé les éléments de cette notice.

Nous aurions vivement souhaité qu'une plume plus autorisée que la nôtre se fût chargée d'exécuter le portrait que nous n'avons guère pu qu'ébaucher grossièrement. Nous avons dû céder à des instances trop obligeantes et trop pressantes pour que nous ayons eu le droit d'y résister. Nous serons récompensé, bien au delà de notre mérite si notre travail, tout imparfait qu'il est, réussit à faire connaître, à faire aimer, à faire vénérer la bonne Chanoinesse de Pomey, à produire quelqu'édification dans les âmes, à susciter peut-être, si le bon Dieu le bénit, quelques dévouements, quelques désirs de vie plus parfaite et plus sainte, à l'imitation de celle que nous osons proposer comme modèle aux personnes de toute condition, modèle bien digne au moins d'attirer l'attention et la respectueuse sympathie de toutes les âmes capables de le comprendre.

La modestie de la vénérée Chanoinesse ne nous eût certes pas permis de la révéler ainsi de son vivant ; elle eût tremblé et elle se fût énergiquement révoltée à la seule pensée qu'après sa mort on exposerait ainsi en public sa noble et sainte figure. Mais, aujourd'hui, nous sommes à l'aise pour raconter ce que nous connaissons de sa vie et ce qu'elle tenait si soigneusement caché de ses vertus, tant qu'elle fut sur cette terre ; d'autant plus à l'aise qu'en la louant ce n'est pas elle que nous entendons glorifier, mais Dieu, le seul auteur des dons, des grâces, des mérites qui brillèrent dans la Chanoinesse ; Dieu, à qui elle-même les rapporta toujours, sans s'attribuer aucun mérite. Dieu est toujours glorifié dans ses serviteurs et dans ses saints, et c'est Lui qu'il faut admirer dans leurs actions. A lui seul donc soit louange, honneur, gloire et actions de grâces maintenant et dans tous les siècles. *Amen.*

Notre-Dame-d'Aiguebelle, le 2 septembre 1901,
vingtième anniversaire de la mort de la Chanoinesse
de Pomey.

DÉCLARATION DE L'AUTEUR

Pour nous conformer aux prescriptions de la Sainte Eglise et spécialement au décret du pape Urbain VIII, de l'année 1631, nous déclarons n'avoir employé, en parlant de la Chanoinesse de Pomey ou d'autres personnes, les qualificatifs de *saint*, *bienheureux* ou *vénérable* que dans le sens vulgaire de ces mots et selon l'usage commun, et non selon la signification canonique que l'Eglise leur attribue dans la liturgie, et n'avoir voulu donner aux faits rapportés dans cette *notice* qu'une autorité purement humaine, sans avoir aucunement l'intention de prévenir le jugement du Saint-Siège sur le caractère surnaturel d'aucun de ces faits ou des vertus que nous rapportons d'une manière purement historique. Nous reconnaissons et déclarons que le Saint-Siège Apostolique est le seul juge compétent en ces matières, et nous soumettons d'avance à son jugement toutes nos appréciations, condamnant et rétractant tout terme et toute opinion qui mériteraient d'être condamnés ou réprouvés.

CHAPITRE PREMIER

Famille paternelle de la Chanoinesse. — Sa naissance
Ses premières années

ORSQU'ON va de Lyon à Paris, par la ligne du Bourbonnais, on rencontre, entre Tarare et Roanne, au sortir du tunnel des Sauvages, à la limite du département du Rhône touchant à la Loire, la petite ville d'Amplepuis, gracieusement assise au fond d'un ample vallon *(amplus puteus)* enserrée de toutes parts par des montagnes couronnées de sapins, aux flancs recouverts de verdoyants pâturages ou de riches moissons. De la gare du chemin de fer on aperçoit les hautes cheminées des usines qui donnent à la cité industrielle sa vie et son activité, et, disséminés çà et là dans la campagne, les nombreux hameaux où vit paisible et laborieuse la partie agricole de la population ; l'industrie et l'agriculture se partagent presque également les sept mille habitants de ce pays.

A l'extrémité méridionale de la commune, non loin des confins de la paroisse des Sauvages, s'élève, dans un site pittoresque, à l'ombre d'une forêt séculaire de chênes et de sapins, à 600 mètres d'altitude, et à trois kilomètres environ de l'église paroissiale, le château de Rochefort, vieux manoir seigneurial, dont la construction remonte probablement au XIIIe siècle, et qui n'a cessé d'être habité et soigneusement entretenu par ses maîtres successifs.

Flanqué aux angles de quatre tours carrées à toitures élevées, le château était jadis entouré de toutes parts de fossés pleins d'eau ; une cinquième tour de même structure que les autres, et dans le style de l'époque de Marie de Médicis, sert de pavillon d'entrée à la cour d'honneur ; sous le porche se voyait autrefois un pont-levis, remplacé ensuite par un pont en pierre, supprimé lui-même quand on combla le fossé du côté de l'entrée. Au-dessus de la porte est sculpté le blason de la famille de Pomey, mutilé en 1794 : *d'argent, au pommier de sinople fruité d'or, tortillé d'une guivre de gueules, soutenu d'un croissant d'azur et accosté de deux étoiles de gueules.* Sur la grille qui donne accès à la tour centrale se lit la date de 1746.

De la cour d'honneur on peut entrer par sept portes dans l'intérieur du château ; une immense salle à manger, entourée de boiseries de chêne ; les cuisines, les offices, des caves, etc., composent le rez-de-chaussée. Le premier étage renferme une chapelle construite en 1632, précédée d'une sacristie ; elle est ornée d'un grand Christ en ivoire du commencement du XVIIIe siècle, appliqué sur une glace et surmonté d'un pélican ; des statues d'anges et de saints, des tableaux, des verrières aux armes de la famille de Pomey, complètent l'ornementation. Les nombreuses pièces du premier étage et de l'étage supérieur, salons, chambres à coucher, cabinets, bibliothèque, etc., sont décorées de tapisseries anciennes ou modernes, de peintures, de portraits familiaux, etc.

Derrière les bâtiments s'étend un vaste jardin au delà duquel se déroulent des prairies entourées de grands bois d'où la vue embrasse au loin les montagnes environnantes, où pointent quelques clochers de villages, où serpente l'ancienne route royale de Paris à Lyon par le Bourbonnais. Des eaux abondantes et limpides entretiennent partout la fraîcheur, en égayant le paysage. Une magnifique allée de tilleuls, longue de 360 mètres, sert d'avenue au château, du côté d'Amplepuis.

En 1685, d'après une description contemporaine, Rochefort était une terre noble, de plus de deux lieues de tour, comprenant la totalité de la paroisse des Sauvages, avec son église, le tiers environ de la paroisse d'Amplepuis, l'une des plus grandes du gouvernement du Beaujolais et des parcelles de Ronno (Rhône) et de Machézal (Loire). Aujourd'hui Rochefort comprend onze domaines d'importances diverses, plusieurs locateries et autres dépendances.

C'est dans cet antique manoir, possédé par ses aïeux depuis 1606, que celle dont nous esquissons la vie passa son enfance et sa jeunesse ; c'est là qu'après son installation au bourg d'Amplepuis, elle aimait à venir goûter les joies de la famille et prendre quelques heures d'un repos nécessaire mais toujours actif, dans le calme des bois, dans l'air pur des prairies et des montagnes ; c'est là, enfin, qu'elle acheva son pélerinage terrestre, pleine de mérites, sous le regard de Dieu, dans la paix de la maison paternelle toute embaumée des souvenirs et des vertus de ses illustres ancêtres.

Elle appartenait à une ancienne famille lyonnaise, dont les membres avaient occupé successivement des charges importantes à la cour, dans l'administration de la ville de Lyon et au parlement des Dombes.

En 1606, un de ses aïeux, Benoit de Pomey, secrétaire de la Chambre du Roi, acheta les terres et les seigneuries de Rochefort et des Sauvages. Il établit sa résidence au château et y fit des embellissements. C'est à lui que l'on doit les quatre tours des angles et le beau pavillon d'entrée. En 1648, Hugues de Pomey, neveu du précédent et prévôt des marchands de Lyon, recueillit Rochefort dans la succession de son oncle et le transmit, en 1688, à autre Hugues de Pomey, secrétaire du parlement des Dombes. Rochefort passa ensuite, en 1710 ou 1711, au fils d'Hugues, Jacques de Pomey, qui le donna, en le mariant, le 11 avril 1768, à son fils Jean-Joseph-Luc, capitaine au régiment d'Eu. A la mort de celui-ci, en 1800, Rochefort échut à son fils, Jean de Pomey, père de la Chanoinesse.

M. Jean de Pomey était né à Rochefort le 18 février 1774. En 1793, nous le trouvons enrôlé dans les chasseurs du général de Précy, l'héroïque défenseur de Lyon. Echappé comme par miracle au massacre de ses frères d'armes, il dut se cacher dans une cave où une vieille domestique lui apportait à manger. Ayant réussi à s'évader sous un déguisement, il s'engagea sous un faux nom dans les troupes de la République, où il servit pendant quelque temps et fit partie de la première armée d'Italie, dans le 13e régiment de hussards. Il parvint à se faire délivrer un certificat de libération et revint à Rochefort.

Ce fut là qu'il épousa, en 1802, à l'âge de 28 ans, Mlle Eugénie-Marie de Musy, fille du comte François-Louis de Musy de Truchis, ancien officier de carabiniers, et de dame Gabrielle de Certaines. Mlle de Mussy était née en 1772 au château de Digoine, près Autun, et fut élevée dans cette ville. Les deux familles ainsi alliées se recommandaient également par leur noblesse, leur ancienneté, les services qu'elles avaient rendus à leur patrie et surtout par la profonde piété dont elles avaient puisé les principes et les exemples dans les traditions de leurs

aïeux et qu'elles transmettaient fidèlement à leurs des-
cendants.

De ce mariage naquirent neuf enfants : — en 1803, un
fils, *Théobald*, qui mourut en 1822 ; — en 1805, une fille,
Albine, mariée en 1827, à M. Albert de Vangel, morte en
1847 ; — en 1807, *Hortense*, qui prit le voile au couvent
des Ursulines de Lyon en 1830 et mourut en 1871 ; — en
1808, *Octavie*, religieuse au même couvent, où elle entra
en 1834 et mourut en 1854 ; — en 1810, *Hippolyte*, qui
succéda à son père en 1852, après avoir été marié, en 1835,
à Mlle Pauline Ravel de Malval, et qui mourut à Rochefort
en 1887 ; — en 1812, *Eugénie Ire*, morte la même année ;
— en 1814, *Eugénie IIme*, qui fait le sujet de cette notice ;
— enfin, en 1816, *Marie-Alexandre-Théobald*, mort en bas
âge, et, en 1818, *Ludovic*, marié en 1843 à Mlle Marie du
Corail, mort en 1890.

On verra par la suite de ce récit quelle étroite union
régna constamment entre les membres de cette nombreuse
famille et quel rôle bienfaisant ne cessa de remplir auprès
d'eux la bonne Chanoinesse, qui fut toute sa vie leur ange
tutélaire et leur conseillère prudente et bien-aimée.

Celle qui devait devenir plus tard la Chanoinesse de
Pomey était donc le septième des neuf enfants de Jean de
Pomey de Rochefort et d'Eugénie-Marie de Musy de
Digoine. Elle naquit à Lyon, le 16 mars 1814, sur la
paroisse de Saint-Martin-d'Ainay, dans la rue de l'Arsenal
— aujourd'hui rue du Plat — où ses parents avaient leur
domicile pendant l'hiver. Elle fut baptisée le même jour,
selon l'habitude si chrétienne des anciens, dans l'église
paroissiale, par M. Régnier, curé, et elle reçut les noms de
Marie-Camille-Eugénie. Son parrain fut M. Camille de
Bassignac, son oncle maternel par alliance, représenté par

M. Charles de Musy, son beau-frère, oncle maternel de l'enfant, et la marraine Mme de Chazotte, née Marie-Nicole de Pomey, tante paternelle de l'enfant représentée par Mlle Amélie d'Ozenay, sa cousine germaine.

M. Jean de Pomey avait quatre sœurs ; Mlle Eugénie en connut trois : Mme des Cots, mariée dans le Vivarais, morte en 1848 ; Mme de Chazotte, qui habitait aussi le Vivarais, et qui mourut en 1838 ; Mme la marquise d'Ozenay, qui résidait tantôt à Lyon, où elle mourut en 1868, tantôt dans le Mâconnais ; enfin, Mme de Cotton, qui demeurait au château de Joux, près de Tarare et qui mourut en 1808, avant la naissance d'Eugénie. Celle-ci eut toujours pour ses tantes la plus vive affection ; elle les visitait souvent, surtout dans leurs maladies ou leurs épreuves, entretenait avec elles de fréquentes relations épistolaires, toujours prête à accourir au moindre signe, chaque fois que sa présence pouvait être utile ou agréable. Elle ne connut ni son grand-père paternel, mort en 1800, ni sa grand'mère qui avait précédé de deux ans son mari dans la tombe.

Eugénie passa ses premières années à Rochefort, au milieu de ses frères et de ses sœurs, formée par ses parents à la piété, à la crainte de Dieu, à la connaissance et à la pratique de toutes les vertus. Quelques mois avant sa naissance, son père avait été nommé maire de la commune d'Amplepuis, fonctions qu'il conserva jusqu'en 1830, pour les reprendre en 1848 et les remplir jusqu'à sa mort. Au mois d'octobre 1814, le roi le décora de la Fleur de Lys, et il reçut, le 27 du même mois, du général comte de Précy, commandant en chef la Garde nationale de Lyon, le droit de porter cette décoration. Le 17 février 1816 il fut nommé par le roi membre du Conseil général du Rhône.

Doué d'un caractère très vif et d'une énergie peu commune, M. de Pomey alliait à une activité infatigable une grande prudence et un jugement toujours sûr. Sous des allures un peu militaires il cachait une très grande bonté de cœur. La charité traditionnelle dans sa famille et la générosité naturelle de son âme étaient vivifiées en lui et surnaturalisées par l'esprit de foi qui l'animait et par une piété aussi sincère que solide et qui ne connut jamais le respect humain. On le voyait assister régulièrement aux offices de sa paroisse, entouré de sa famille et de ses serviteurs, remplir avec exactitude tous ses devoirs religieux et donner à tous l'exemple de la vertu. Il eut le courage, bien rare à notre époque, d'élever ses enfants non seulement dans les principes les plus stricts du christianisme, mais encore dans une sorte d'austérité antique, sans raideur comme sans faiblesse, leur faisant pratiquer la tempérance et la mortification, éloignant d'eux les habitudes du luxe et tout ce qui sentait la mollesse et le bien-être sensuel, vivant lui-même au milieu des honneurs et de la fortune avec la plus édifiante simplicité.

On le vit souvent, assis à côté du paysan et de l'ouvrier, attendre auprès d'un confessionnal que son tour fût venu de s'agenouiller aux pieds du prêtre, et, quand il s'approchait de la Table Sainte, il tenait à le faire pendant la grand'messe du dimanche, parce que, disait-il, il devait l'exemple.

Tant d'humilité ne nuisait en rien, cependant, à sa dignité, à la considération dont il était entouré, au respect qu'inspiraient à tous sa distinction, sa haute situation et la noblesse de sa race. Nous retrouverons toutes ces qualités chez sa fille Eugénie, qui, de tous ses enfants, reproduisit le mieux le type paternel.

Admirablement secondé par la vertueuse compagne que le bon Dieu lui avait donnée, il consacrait ses journées aux devoirs de son administration, à l'éducation de ses enfants, à l'exploitation de ses domaines qu'il dirigeait lui-même et aux bonnes œuvres. Toujours bon envers tous et toujours accessible aux plus humbles, il se multipliait envers les pauvres, distribuant d'abondantes aumônes, visitant les malades, leur faisant porter des remèdes, fournissant aux indigents du bois pendant l'hiver, du travail en toute saison, s'occupant avec zèle et avec soin de l'instruction des enfants et des jeunes gens, étendant à tous les habitants de sa commune sa sollicitude, sa charité et ses bienfaits.

Il ne faisait d'ailleurs que perpétuer dans cette paroisse des traditions familiales plus de deux fois séculaires, et il rappelait par son courage et par sa bienfaisance le caractère de sa vénérable mère qui, en 1793, ne craignit pas de haranguer, devant les portes du château, une troupe de révolutionnaires venus à Rochefort dans l'intention de piller, et fit si bien qu'elle parvint à les éloigner, grâce à son attitude virile et à son éloquence; sa bonté était à la hauteur de son énergie, car elle aimait à se rendre souvent auprès des malades pauvres et des infirmes pour panser leurs plaies les plus infectes et leur prodiguer de ses mains les services les plus abjects et les plus pénibles.

La mère d'Eugénie était digne, elle aussi, de son mari; en même temps qu'elle s'occupait de l'éducation de ses enfants et de leur formation religieuse, elle travaillait pour les pauvres, les recevait avec bonté, subvenant à leurs besoins et confectionnait des vêtements pour les enfants qu'elle aimait à habiller et à tenir dans la propreté. Chez elle aussi, d'ailleurs, la charité pratique était non seulement une vertu mais un besoin du cœur et une habitude de famille, comme nous allons le voir.

Nous n'avons malheureusement aucun détail sur les

premières années d'Eugénie ; nous savons seulement qu'en 1822, à l'âge de huit ans, elle échappa, ainsi que son jeune frère Ludovic, à une mauvaise fièvre qui emporta leur frère Théobald, âgé de 19 ans. Deux de ses sœurs, Hortense et Octavie, étaient alors à Autun, en pension chez une dame auprès de laquelle nous retrouverons bientôt Eugénie.

La vie qu'on menait au château de Rochefort éveilla de bonne heure dans l'âme de l'enfant tous les bons sentiments dont elle avait reçu le germe avec la naissance. L'habitude de la prière en commun, l'assistance quotidienne à la sainte Messe, qui se disait alors au château, les enseignements qu'elle recevait et surtout les bons exemples qu'elle avait constamment sous les yeux, tout contribuait à développer en elle le goût de la piété, la délicatesse de la conscience, les pensées sérieuses et élevées et, par-dessus tout, l'amour effectif du prochain et la tendresse miséricordieuse envers les malheureux.

Sa constitution robuste s'affermissait au grand air des montagnes par l'exercice continuel et les courses dans les bois ; son corps acquit dès lors cette vigueur, cette endurance, cette force de résistance qui distinguèrent plus tard la jeune fille et la Chanoinesse, et lui permirent de supporter avec un courage indomptable et sans jamais défaillir, les fatigues que lui imposèrent son ardente charité et son dévouement, au milieu des pénitences et des mortifications volontaires dont elle accompagnait ses œuvres extérieures. C'est ainsi que la divine Providence disposait tout en vue de la vocation qu'Elle avait préparée à cette enfant.

La petite Eugénie dut sans doute faire quelques voyages, soit à Lyon, où ses parents passaient l'hiver, soit dans sa famille maternelle à Digoine, aux environs d'Autun, où elle fut envoyée pour y faire son éducation.

CHAPITRE II

Sa famille maternelle. — Son éducation à Autun. —
. Sa première communion.

ERS l'âge de neuf ans, probablement, Eugénie fut emmenée dans la famille de sa mère, au château de Digoine, pour être placée dans un pensonniat, à Autun, sous la surveillance de ses grands parents.

Le château de Digoine, où était née sa mère, est situé à peu de distance de la ville d'Autun (Saône-et-Loire), sur la paroisse de Saint-Martin-de-Commune, non loin de Couches-les-Mines, où la famille de Musy avait aussi un hôtel. Digoine avait été acheté en 1770 par le grand-père d'Eugénie, messire Louis-François de Musy, seigneur de Vauzelles en Beaujolais, qui possédait déjà la seigneurie de Saint-Martin-de-Commune. Il transmit ce château à son fils, Charles de Musy, qui lui-même le légua à son fils, Humbert de Musy, mort en 1877, la même année que son père, puis à son petit-fils Symphorien de Musy.

Au moment où la petite Eugénie arriva à Autun, la famille de Musy se composait du grand-père, M. Louis-

François de Musy, qui mourut très âgé en 1825, de son fils, M. le comte Charles de Musy, marié en 1823 à Mlle Armance Costa de Beauregard, oncle d'Eugénie, mort en 1877, en laissant trois enfants : Humbert, Victor et Geneviève.

Elle connut aussi trois sœurs de sa mère, la comtesse d'Antioche, mariée en Savoie, la comtesse de la Rochette, mariée en Auvergne où elle mourut en 1838 et la comtesse d'Anglars de Bassignac, mariée aussi en Auvergne et morte en 1864. L'union la plus étroite régnait entre ces familles et celle d'Eugénie. La maison de Musy était fort hospitalière ; le grand-père aimait à réunir autour de lui ses enfants et ses petits-enfants ; malgré les distances qui les séparaient du nid paternel et les difficultés des voyages à cette époque, ils revenaient souvent et de plus en plus nombreux apporter au foyer natal la joie, l'entrain, la bonne humeur de la jeunesse et les témoignages empressés d'une affection et d'un respect que les années affermissaient.

Comme Rochefort, Digoine donnait l'exemple de toutes les vertus chrétiennes ; là régnait dans toute sa force et sa pureté le sens chrétien, avec les vieilles mœurs, les vertus aimables quoique austères et l'esprit chevaleresque des ancêtres. Dans ce milieu tout imprégné de foi et de charité, Eugénie retrouvait la piété de sa mère, l'amour des pauvres, la pratique de la bienfaisance unis à la distinction des manières et à la simplicité évangélique ; elle se forma à toutes ces hautes qualités et les conserva jusqu'à sa mort.

Un auteur contemporain a raconté, pour en avoir été le témoin ému, la vie quotidienne de Mme la comtesse de Musy à Digoine ; comment, chaque matin, après la prière, la méditation et l'assistance à la sainte Messe, elle consacrait de longues heures à soulager, à panser, à vêtir et à consoler les malades, les infirmes et les indigents du pays où on ne l'appelait que *la Bonne Dame* (1).

Là encore la divine Providence préparait d'une manière admirable l'âme privilégiée d'Eugénie au rôle qu'il lui destinait, en l'entourant, dès ses jeunes années, d'une atmosphère profondément religieuse et des exemples les plus capables d'exercer sur elle une influence salutaire, que la grâce n'allait pas tarder à féconder et à développer.

Après quelques jours passés au château de Digoine, la jeune Eugénie fut conduite à Autun pour y recevoir une instruction conforme à son rang et à la position qu'elle devait occuper dans la société, s'y préparer à la première communion et achever son éducation.

A l'époque où nous sommes, vers 1823 ou 1824, les couvents fermés par la Révolution commençaient à peine à se rouvrir. Quelques anciennes religieuses vouées à l'enseignement et chassées de leurs cloîtres s'étaient consacrées à l'éducation des jeunes filles ; elles les recevaient chez elles à titre de pensionnaires et leur donnaient l'instruction. Il y avait alors à Autun une ancienne religieuse Augustine, qu'on appelait Mme Bernard, plus connue sous le nom de *la petite Dame*. Quand le calme eut succédé à la tourmente révolutionnaire qui l'avait expulsée de son couvent, elle ouvrit une sorte de pensionnat où elle n'admettait que des jeunes filles d'une certaine condition. Mme Bernard était une femme d'une grande piété et d'une grande distinction, qui jouissait de l'estime des plus honorables familles d'Autun et des environs, grâce à son esprit, à son dévouement et aux éminentes qualités de son intelligence et de son cœur ;

---

(1) Henri LASSERRE. *Nouveau mois de Marie*. Paris, Palmé, 1891, pp. 4 et suiv.

elle exerçait sur ses élèves une très grande influence et savait gagner leur confiance et leur affection au point de rester leur conseillère et leur confidente bien longtemps après avoir cessé d'être leur maîtresse.

Telle était l'éducatrice à qui fut confiée la petite Eugénie, dont elle avait déjà élevé la mère et les deux sœurs Hortense et Octavie. Ce fut sous sa direction et sous la surveillance attentive de la famille de Musy que la future Chanoinesse forma son intelligence et reçut l'instruction qu'on donnait alors aux jeunes personnes de son âge et de sa condition, moins compliquée sans doute, moins brillante peut-être, mais certainement plus sérieuse, plus pratique et surtout plus chrétienne que celle qu'on distribue si largement de nos jours à un trop grand nombre d'enfants et de jeunes filles.

Eugénie se distingua dès ses premières années, par une grande franchise, un très vif esprit de foi et une exquise délicatesse de conscience. Elle avait une horreur naturelle du péché et une crainte souveraine d'offenser Dieu, qui se manifestait sur son visage à la moindre apparence de mal, mais sans que le scrupule vînt jamais troubler son âme candide. Elle remplissait ses devoirs religieux avec un joyeux empressement et une ferveur sans contrainte. D'un caractère très vif et décidé, qu'elle tenait de son père, portée à la gaîté, mais sans légèreté, douée d'une grande sensibilité, d'un cœur bon et compatissant, d'un esprit ouvert, d'un jugement toujours droit, elle se montra capable d'une application sérieuse à l'étude et d'une grande énergie dans la volonté; également éloignée de l'entêtement capricieux de certaines natures et de la faiblesse mobile de quelques autres.

Grâce à cet ensemble d'heureuses dispositions que sa

maîtresse sut cultiver et diriger, Eugénie saisissait et retenait facilement tout ce qu'on voulut lui apprendre et elle fit de rapides progrès. Ses lettres nous révèlent une instruction solide autant que variée, un style facile, naturel, sobre, précis, enjoué, primesautier; un grand talent d'observation en même temps qu'un cœur aimant, débordant d'affection pour sa famille et une piété non moins profonde que sincère. Le développement de ses qualités naturelles et le degré de perfection auquel elle les porta plus tard sont dus, en grande partie, on n'en saurait douter, à la direction et à l'influence bienfaisante qu'exerça sur elle Mme Bernard.

Les premières années qu'Eugénie passa auprès de sa bonne maîtresse furent consacrées surtout à la préparation à la première communion. Elle eut le bonheur de la faire à l'âge de 13 ans, dans l'église de Notre-Dame d'Autun, le 29 juin 1827. Nous n'avons aucun renseignement positif sur les circonstances qui entourèrent ce grand acte de sa vie, ni sur les pensées et les impressions qui remplirent son âme au moment où elle reçut pour la première fois ce Dieu qu'elle aimait d'un amour si pur et déjà si ardent; mais il est facile de se représenter la ferveur et les saintes délices dont elle fut alors embrasée, et la correspondance parfaite qu'elle apporta à cette grâce de la première communion, qui est ordinairement décisive pour tout le reste de la vie, et qui devient pour l'âme fidèle et bien disposée, le point de départ d'abondantes faveurs spirituelles et comme une source de plus en plus féconde de vertus et de mérites.

L'année suivante, probablement — car nous n'avons pu retrouver cette date — le 14 avril, elle reçut le sacrement de Confirmation des mains de Mgr l'évêque d'Autun. Peut-être est-ce à ce moment-là qu'elle ressentit les premiers élans de la grande dévotion qu'elle eut toujours pour le Saint-Esprit, dont nous en avons lu l'expression dans les cahiers où elle écrivait ses méditations.

Sans doute la grâce agissait déjà victorieusement dans cette jeune âme, si droite et si souple ; l'Esprit-Saint ajoutait aux dons naturels qu'elle possédait la puissance et la fécondité intarissable des dons surnaturels dont elle allait avoir besoin pour accomplir avec toute la perfection qu'elle y apporta, les œuvres auxquelles Il l'appelait.

Les années qu'elle passa encore à Autun après sa première communion furent consacrées à compléter son éducation et son instruction ; nous ne pouvons douter qu'elles n'aient été bien employées ; nous avons pour garant de son travail et de son application l'habitude qu'elle eut constamment de ne jamais perdre un moment et de ne jamais rester oisive. Nul doute, aussi, qu'elle ne se soit appliquée avec encore plus de soin à l'acquisition des vertus, à la pratique de l'obéissance, de l'humilité, à l'union de plus en plus étroite avec le divin Maître, au service duquel elle devait si généreusement dévouer ses talents, ses forces et sa vie tout entière.

CHAPITRE III

*Retour à Rochefort. — Sa vie au sein de sa famille. —
Emploi de ses journées. — Ses premières œuvres de
charité.*

Vers l'année 1830, Mlle Eugénie, son éducation terminée, revint dans sa famille, au château de Rochefort et commença dès lors cette vie de dévouement, de sacrifice et de bienfaisance qu'elle devait poursuivre pendant cinquante ans, donnant à tous, dans cette paroisse d'Amplepuis qu'elle ne quitta plus, le continuel exemple de toutes les vertus, poussées parfois jusqu'à l'héroïsme, se consacrant sans réserve aux œuvres de charité et de miséricorde, sous toutes leurs formes.

Son père venait de résigner ses fonctions de maire, mais il continuait à s'intéresser à ses anciens administrés, spécialement aux enfants, aux pauvres et aux malades. L'aînée de ses filles, Albine, avait été mariée, en 1828, à M. Albert de Vangel ; en 1830, la seconde, Hortense, poussée par la crainte de ne pas faire son salut dans le monde, entra, à 23 ans, au couvent des Ursulines de Lyon, où elle passa quarante ans dans la paix et la prière.

La famille de Pomey se composait donc alors, à Roche-

fort, du père, de la mère et de quatre enfants, Octavie,
âgée de 22 ans, Hippolyte, âgé de 20 ans, Eugénie, qui
avait à peu près 17 ans et Ludovic, le plus jeune, 12 ans.
La monotonie de l'existence quotidienne était souvent
rompue par les visites des nombreux parents de la famille.
On voyageait peu, à cette époque, mais on se recevait et
on se visitait beaucoup. On trouvait à Rochefort un
accueil toujours sympathique et empressé ; le vaste manoir,
avec ses grandes salles voûtées et ses vieux souvenirs, son
site pittoresque, à proximité de la grande route de Paris à
Lyon, ses grands bois séculaires, la fraîcheur de ses ombrages
et de ses eaux, offrait à ses hôtes un séjour séduisant et de
nombreuses distractions. La chasse occupait les journées et
souvent, le soir, on jouait la comédie, récréation très à la
mode en ce temps-là.

M^llc Eugénie, toujours gracieuse et aimable envers
tous, prenait peu de part à ces plaisirs. Ses goûts étaient
ailleurs et elle avait organisé ses journées exclusivement en
vue de la charité envers le prochain et de la perfection de
son âme. Levée de très grand matin et très fidèle à ses
exercices de piété, elle ne manquait jamais de faire chaque
jour une demi-heure de méditation et d'entendre la sainte
Messe, qui se disait tous les jours dans la chapelle du château et à laquelle assistait toute la famille ainsi que les
domestiques ; le maître de la maison et ses fils se faisaient
un devoir et un honneur de la servir, et cette habitude si
édifiante et si chrétienne s'est fidèlement conservée jusqu'aujourd'hui au château de Rochefort. Comme il y eût
un aumônier au château jusqu'à la mort de Mme de Pomey,
on conservait la sainte Réserve dans la chapelle ; Eugénie
aimait à visiter souvent le Saint Sacrement et à passer de
longs moments en sa présence.

Ses exercices de piété terminés, elle se mettait sans tarder au travail ; on ne la vit jamais inoccupée ; toute jeune fille, elle aimait passionnément le travail et ne perdait pas une minute. Lorsqu'elle voyageait en voiture avec son père, elle emportait toujours un ouvrage de couture ou de tricot, afin de ne pas rester oisive. Très empressée vis-à-vis de ses parents, elle les entourait d'affection et de tendresse, prévenant leurs moindres désirs, donnant à ses frères le continuel exemple de l'obéissance et du respect filial.

Dès les premières années de son séjour à Rochefort, elle commença à réunir au château les enfants des hameaux voisins, petits garçons et petites filles, pour leur apprendre le catéchisme et la lecture. Son père lui avait cédé, dans ce but, une pièce du château, que l'on aimait plus tard à montrer. Chaque jour elle consacrait plusieurs heures à cette œuvre de charité et elle eut parfois jusqu'à quatre-vingts enfants. Pendant vingt ans, elle fut fidèle à cette mission qu'elle s'était donnée, et elle la remplit jusqu'au jour où elle quitta Rochefort ; et encore, comme nous le verrons, la reprit-elle plus tard dans de nouvelles conditions.

Le nombre de ses élèves l'obligea à prendre une adjointe ; elle se fit aider, pour la surveillance, par une fille grande et forte comme un homme, qu'on appelait la grande Marion. Ce petit monde remuant et léger n'était pas toujours facile à tenir en respect ; « Je vois encore, disent les notes de Mme de Fraix, le pupitre sur lequel, racontait mon père, en l'absence de sa maîtresse, l'adjointe posait une grande gaule pour inspirer de la crainte aux plus mutins. » Cette brave fille ne quitta jamais sa bonne maîtresse et elle resta chez elle jusqu'à sa mort.

L'institutrice improvisée savait à la fois se faire craindre et se faire aimer de ses élèves. Mais quelle patience, quel zèle, quel dévouement ne lui fallait-il pas pour débrouiller ces intelligences souvent grossières et obtuses ! Quelle adresse pour tenir en éveil l'attention de ces jeunes et turbulents auditeurs ! Quelles saintes industries ne dut-elle pas employer pour faire pénétrer et graver dans ces mémoires ingrates la lettre et les explications du catéchisme ! Rien ne rebutait la généreuse châtelaine, et plus la tâche semblait pénible, plus elle s'y attachait. Sa ténacité naturelle, ce que l'on pourrait appeler l'entêtement de sa charité, aidée par la grâce toute-puissante de Dieu, opérait vraiment des prodiges ; car elle réussissait merveilleusement dans son enseignement et le bon Dieu bénissait visiblement ses efforts, à tel point que les vicaires de la paroisse, chargés de faire le catéchisme aux enfants avant la première communion, aimaient à dire que Mlle de Pomey faisait des miracles, parce que les enfants qu'elle préparait et qui ne savaient pas lire étaient ceux qui savaient le mieux leur catéchisme.

Tel était l'emploi des matinées de la jeune fille. Dans l'après-midi elle allait visiter les pauvres et les malades, leur portant des paroles de consolation, des remèdes, des secours de toute nature. Elle avait une dévotion particulière à assister les moribonds ; elle les préparait à recevoir les derniers sacrements, les disposait à offrir à Dieu le sacrifice de leur vie, leur inspirait des sentiments de confiance en la miséricorde divine, consolait leurs parents, prenait soin des veuves et des orphelins. Toutes ses journées étaient ainsi employées aux œuvres de la charité, rien ne pouvait arrêter son dévouement aux âmes, dévouement d'autant plus admirable que celle qui le prodiguait ainsi n'avait pas encore vingt ans, et qu'une telle vie semblait en opposition avec l'âge, la condition et les goûts naturels de la jeune fille. Mais déjà elle savait imposer silence aux tendances de la nature et se laissait guider par des vues plus hautes et par un attrait surnaturel.

Son zèle ne se bornait pas aux hameaux qui environnent Rochefort. Presque chaque jour elle descendait à Amplepuis, et là, après avoir adoré le Saint-Sacrement dans l'église, elle commençait sa tournée chez les pauvres; Rochefort est à trois kilomètres de l'église paroissiale, par un sentier pittoresque mais quelque peu difficile, abrupt et assez isolé. Rien n'arrêtait la charité de la jeune Eugénie, ni la distance, ni le mauvais temps, ni la fatigue; quand il y avait un secours pressant à donner, un besoin à satisfaire, une âme à gagner à Jésus-Christ, on la voyait braver le froid, la pluie, la boue et la neige. Que de fois on la vit s'attarder au lit d'un malade et rentrer fort tard à Rochefort, où son père n'aurait sans doute pas osé adresser de gros reproches à sa fille, en qui il voyait revivre et fleurir cette sainte vertu de la charité dont il donnait lui-même de si touchants exemples.

Un jour qu'elle s'était ainsi attardée, elle fut attaquée par un fou qui voulait l'étrangler; ce malheureux fou renouvela une autre fois la même tentative dans l'église où Mlle Eugénie se trouvait presque seule. Mais de tels incidents, s'ils lui commandaient la prudence, n'étaient pas capables de refroidir sa charité.

Outre les nombreuses occupations qu'elle s'était créées par sa classe quotidienne et la visite des pauvres et des malades, elle trouva encore le moyen d'exercer sa charité et sa patience en prenant à son service, comme femme de chambre, une pauvre fille sourde et muette, dont elle entreprit de faire l'éducation religieuse. A cette fin, elle

apprit le langage des signes des sourds-muets et devint
bientôt assez habile pour tenir avec sa sourde-muette des
conversations suivies. Elle lui enseigna ainsi le catéchisme
et la prépara à la première communion. Cette fille, intelligente et dévouée, avait un caractère assez difficile ; elle était
extrêmement jalouse de l'affection de sa maîtresse, et cette
jalousie fut la cause de bien des scènes pénibles qu'elle fit
endurer à Mlle Eugénie, qui les supportait avec douceur,
s'efforçant d'inspirer à sa jeune domestique des sentiments
plus justes, plus chrétiens, plus nobles et une piété plus
éclairée. Mlle Eugénie racontait en riant que, lorsqu'elle
voulait apprendre quelques nouvelles, elle n'avait qu'à
s'adresser à sa sourde-muette qui les savait toutes.

CHAPITRE IV

*Sa vie intérieure. — Elle fait les vœux de virginité,
de pauvreté et d'obéissance. — Ses pratiques de dévotion. — Son réglement de vie.*

L'EXERCICE continuel du dévouement et de la
charité envers son prochain ne faisait pas oublier
à la jeune fille ce qu'elle se devait à elle-même,
le soin de son âme, son avancement spirituel, sans
lequel, d'ailleurs, son zèle extérieur n'aurait pu longtemps
se soutenir. La paroisse d'Amplepuis avait alors à sa tête un
confesseur de la Foi, M. le Curé Terraillon, qui avait
échappé comme par miracle à la haine des révolutionnaires
et à la mort dont il avait été plusieurs fois menacé pendant
la Terreur. Après avoir passé de longs mois caché dans les
bois ou dans des familles chrétiennes sous divers déguise-
ments, il fut un jour découvert, enchaîné comme un
malfaiteur et traîné brutalement jusqu'à Villefranche, pour
y être jugé comme réfractaire.

La Providence divine l'avait arraché aux mains des
bourreaux, et, la paix rétablie, il était revenu au milieu de
ses ouailles. Ses vertus connues de tous, l'option de sa

parole, son zèle sacerdotal, la sainteté de sa vie, l'auréole dont la persécution avait orné son front; tout contribuait à lui donner dans la paroisse une très grande autorité et à lui concilier le respect et l'amour de tous. Il exerçait sur les âmes la plus heureuse influence, et il était admirablement secondé par la famille de Pomey. Aussi la paroisse d'Amplepuis était-elle, au commencement de ce siècle, et est-elle restée encore l'une des plus ferventes du diocèse de Lyon.

Mlle Eugénie, bien qu'elle eût déjà à Lyon un directeur spirituel dont elle prenait en tout les avis, ouvrait volontiers sa conscience au saint curé de sa paroisse et ne faisait aucune démarche importante sans le consulter. Le peu de goût qu'elle avait pour le monde, sa piété, ses aspirations à une vie plus parfaite, l'étroite union où elle vivait déjà avec Dieu lui inspiraient le désir d'embrasser l'état religieux, comme l'avait fait sa sœur Hortense, imitée bientôt par son autre sœur Octavie qui entra, elle aussi, au couvent des Ursulines de Lyon en 1834. Eugénie s'ouvrit de ce désir à ses directeurs. Ceux-ci, après avoir longtemps prié et réfléchi devant Dieu, furent d'accord pour lui déclarer qu'elle n'était pas appelée au cloître et qu'elle devait rester au milieu du monde, où elle ferait plus de bien, en se sanctifiant selon la volonté de Dieu. Eugénie accepta, non sans une certaine peine, cette décision; mais elle s'y soumit avec une entière obéissance, bien persuadée que ses directeurs étaient les interprètes autorisés de la sainte volonté divine, qu'elle n'eût pas voulu, pour tout au monde, contrarier. Elle fit généreusement le sacrifice de ses vues personnelles, de ses goûts, de ses aspirations et elle mérita sans doute, par son obéissance, de nouvelles grâces pour continuer les œuvres de dévouement au prochain qu'elle avait si bien remplies jusque-là et auxquelles il paraissait que Dieu voulait l'attacher pour toute sa vie. Nous ne voyons pas qu'elle ait eu jamais le moindre regret de ce sacrifice.

Elle devint dès lors une véritable sœur de charité pour toute la paroisse qui avait le bonheur de la posséder, et elle régla sa vie de telle sorte qu'elle pratiqua au milieu du monde toutes les vertus d'une religieuse.

Elle allait, d'ailleurs, bientôt demeurer seule avec son père et sa mère; en 1835, son frère Hippolyte fut marié à Mademoiselle Ravel de Malval et alla se fixer dans le Charolais. Son jeune frère Ludovic et elle restaient seuls au château avec leurs parents. Eugénie s'attacha plus encore, s'il était possible, à son père et à sa mère, leur consacrant tous les instants qu'elle n'employait pas à la charité et à la prière, répandant autour d'elle la joie, l'entrain qui lui étaient naturels, mais que tempéraient sa douce piété et la modestie dont s'imprégnaient son langage, ses manières, ses gestes, sa démarche, toute sa personne.

Ayant renoncé à la vie religieuse par obéissance, elle voulut se lier par les trois vœux qui caractérisent l'état religieux. Mais elle le fit avec une grande prudence et une sage maturité; elle ne s'engagea d'abord que d'une façon provisoire et temporairement, sans doute d'après les conseils de ses directeurs. Le 1er mai 1836, elle fit, dans la chapelle de Notre-Dame de Fourvière, à Lyon, le vœu de virginité et de chasteté pour un an. Voici comment elle s'exprimait elle-même à ce sujet, dans un des cahiers qu'on a retrouvés après sa mort et que nous transcrivons :

« C'est aujourd'hui, 1er mai 1836, que dans la chapelle
« de Notre-Dame de Fourvière, après avoir reçu la sainte
« Communion, j'ai prononcé avec joie le vœu de virginité

« et de chasteté, pour un an. J'ai pris Marie, ma bonne
« Mère, comme témoin des promesses que je faisais à Dieu
« et, après, je lui ai fait ma consécration de tout moi-même ;
« je me suis mise et me mettrai toujours sous sa protec-
« tion d'une manière toute spéciale. C'est donc aujourd'hui,
« ô mon âme, que tu as fait vœu de rester vierge. Jésus
« seul sera mon époux et fera mon bonheur dans ce
« monde et dans l'autre. Oui, mon Dieu, vous êtes mon
« tout, et le reste n'est rien. Ah ! ce n'est que pour vous
« que je veux vivre et mourir. Sanctifiez par avance toutes
« les actions de ma vie ; faites, ô Seigneur, que je n'aie en
« vue que votre gloire et le salut de mon âme. Seigneur,
« affaiblissez en moi la pensée du mal et faites-moi avancer
« chaque jour dans la vertu. Oh ! Jésus, Marie, Joseph, je
« vous consacre mon cœur, mon esprit et ma vie ; disposez-
« en selon votre bon plaisir ».

Quinze jours plus tard elle ajoutait à ce premier vœu
celui de pauvreté ; et voici dans quelle mesure, avec quelles
conditions et dans quels sentiments :

« Aujourd'hui, ce 14 mai 1836, après avoir reçu la
« sainte Communion et adoré Jésus-Christ, j'ai fait vœu de
« pauvreté. Depuis plusieurs jours j'attendais avec impa-
« tience de prononcer ce vœu. Voici les restrictions avec
« lesquelles je l'ai fait : j'ai à dépenser pour moi la somme
« de 250 francs sans la permission de mon directeur ; je ne
« m'y suis engagée que pour un an et que sous peine de
« péché véniel ; mon directeur se réserve, ainsi que celui
« qui est à la campagne, de pouvoir me relever de ce vœu,
« en cas de nécessité. J'ai consacré ce mois à Marie, afin
« d'obtenir par son intercession la grâce que cet amour
« pour les pauvres augmente de plus en plus en moi, et
« celle de ne jamais agir qu'avec pureté d'intention pour sa

« gloire et pour le salut de mon âme. Si je n'avais en vue
« que l'estime des créatures, à quoi cela me servirait-il, si je
« viens à perdre mon âme ? Ah ! Seigneur, je ne suis rien
« et ne puis rien de moi-même ; ne me retirez point votre
« grâce, ne m'abandonnez point, car, sans vous, que
« deviendrais-je ? J'ai mis en vous toute ma confiance ; oh !
« par Marie, je vous en conjure, veillez toujours sur moi,
« accordez-moi la grâce de faire une bonne mort. Divin
« Jésus, je vous ai choisi pour mon époux, je n'en veux
« point d'autre que vous. Si je reste encore quelques
« années dans le monde, c'est en vertu de la sainte obéis-
« sance que je crois devoir à mon directeur, de qui
« j'écoute les avis comme venant de vous, puisque vous
« avez dit que tout ce qu'il délierait sur la terre, vous le
« délieriez dans le ciel, et que tout ce qu'il lierait serait lié.
« O mon Dieu, si je reste dans le monde, ce n'est point
« pour vivre selon le monde, mais comme si j'étais dans
« un couvent ; j'espère qu'il en sera ainsi, puisque je suis
« engagée par des vœux. Si je reste dans le monde, c'est
« afin de me livrer au soin des pauvres, et j'espère qu'à
« mon jugement particulier Jésus-Christ prononcera ces
« paroles de l'Evangile : « J'avais faim et vous m'avez
« donné à manger ; j'avais soif et vous m'avez donné à
« boire ; j'étais nu et vous m'avez vêtu ; venez, les bénis de
« mon Père, possédez le royaume des cieux. » Amen. »

« Oui, tout à Dieu et tout pour Dieu ! »

MARIE-THÉRÈSE-EUGÉNIE DE POMEY.

C'est à l'âge de vingt-deux ans que la jeune fille écrivait
ces lignes où éclatent son profond esprit de foi, son respect
pour le caractère sacré du prêtre, son humilité, son détachement des créatures, son obéissance, sa défiance d'elle-même ;

sa confiance en Dieu, en même temps qu'elles nous montrent
le but qu'elle assignait dès lors à sa vie : aimer et servir les
pauvres, et, dans leurs personnes, celle de Notre-Seigneur
Jésus-Christ ; travailler toujours et uniquement pour la gloire
de Dieu et le salut de son âme ; et ce but, elle le poursuivit pendant quarante-cinq ans sans jamais s'en détourner ou
se lasser.

On voit aussi qu'à ce moment elle n'avait pas absolument renoncé à son désir d'entrer au couvent, puisqu'elle
espérait ne passer que quelques années dans le monde. Le
bon Dieu en disposa autrement, mais, nous le répétons,
elle ne témoigna jamais aucun regret d'avoir obéi. Sans
doute cette idée de la vie religieuse dut la poursuivre longtemps encore, et le sacrifice renouvelé qu'elle en dut faire
par obéissance lui valut le mérite de la religieuse effective. Il
n'est pas question, dans cet écrit, du vœu d'obéissance, mais
nous savons par ailleurs qu'elle l'ajouta aux deux autres en
1837, et qu'elle ne faisait rien, ne prenait aucune décision,
sans l'ordre ou la permission de ses directeurs.

Ces trois vœux, émis d'abord pour un an, furent certainement renouvelés chaque année, puis transformés en vœux
perpétuels. Cette âme se sentait de plus en plus attirée vers
Dieu et elle se détachait des créatures et de tout ce qui
pouvait l'enchaîner à la terre. Elle était entrée généreusement dans la voie de la perfection chrétienne, et elle allait
y marcher courageusement à grands pas et sans relâche
jusqu'à son dernier soupir, s'adonnant à la pratique de
toutes les vertus, de l'humilité, de la mortification, de la
patience, de la douceur, qui faisaient cortège à la charité,
centre et reine de toutes les vertus.

C'est vraisemblablement à la même époque que Mlle Eugénie s'imposa le règlement de vie que l'on a retrouvé dans

ses papiers, sans date, et auquel elle resta fidèle jusqu'à sa mort. Nous le donnons ici tout entier ; on y verra avec quel soin elle précise l'emploi de chaque moment de sa journée, et comment elle s'efforçait de surnaturaliser chacune de ses actions et de sanctifier toutes ses œuvres et tous les mouvements de son cœur.

RÈGLEMENT DE VIE

« Etre ferme, très ferme, extrêmement ferme :

« 1° A me lever à une heure fixe, 4 heures en été, 5 heures en hiver ;

« 2° A donner mon cœur à Dieu, lui offrir ma journée, baiser le Crucifix, en disant : Jésus etc., et à prendre de l'eau bénite ;

« 3° A la prière du matin ;

« 4° A ma méditation, à laquelle il faut que j'ajoute : 1° préparation éloignée, recueillement ; 2° préparation prochaine, et, comme il m'a été conseillé, trois minutes pour commencer et trois minutes pour terminer le corps de la méditation, total une demi-heure ;

« 5° A midi, au premier moment libre, employer dix minutes à l'examen général, auquel je joindrai l'examen particulier ;

« 6° Lecture réfléchie d'un quart d'heure ; ne pas attendre le soir ;

« 7° Préparation de la méditation ; ne pas attendre le soir ;

« 8° Se coucher à une heure fixe, dans le recueillement ; occuper son esprit d'un point de la méditation, quelques oraisons jaculatoires pour me préparer à la sainte Communion ou en rendre grâces ;

« 9° Prendre de l'eau bénite, en jeter sur mon lit pour demander à Dieu la grâce de résister à toute mauvaise pensée ; baiser le Crucifix dans un acte de contrition ;

« 10° Chaque jour pratiquer à chaque repas une mortification ;

« 11° Chaque semaine faire une fois le Chemin de la Croix ;

« 12° Chaque mois, un jour spécialement consacré à une préparation à la mort ; une revue du mois, et lire ce que j'aurai écrit au temps de ma grande retraite ;

« 13° Grande attention à faire toujours tous mes efforts pour ne pas me laisser distraire ;

« 14° Assister à la sainte Messe avec piété ;

« 15° Quand nous sommes dans une chapelle ou dans une église où se trouve la présence réelle de Notre-Seigneur, ayons respect et recueillement, et ne traitons pas Notre-Seigneur sans façons ;

« RÉFLEXION. — Si j'avais devant les yeux un puissant roi ou un enfant de roi, je serais naturellement portée à avoir du respect et à ne m'occuper que de lui. Mais quelle différence ne devons-nous pas mettre entre le Créateur infini et sa créature qui, après tout, est assujettie aux mêmes misères que nous. Mais Dieu est le roi des rois, le maître absolu.

« 16° Comme maîtresse, je dois m'occuper de ceux dont j'ai la charge ; par exemple, mettre autant de suite que possible à continuer l'instruction religieuse de ma sourde-muette et cultiver son cœur, afin de le porter à Dieu.

« 17° Dans ma famille, par des manières douces et cordiales, rendre la vertu aimable ; caressante et bonne pour mes petits neveux et nièces, d'une manière simple et sans affectation ;

« 18° Avec les domestiques être douce et gracieuse, mais être ferme quand le devoir le demande. Je dois tenir mon rang, mais sans fierté ; je dois m'abstenir des conversations qui seraient à même d'introduire la familiarité qui, peu à peu, nuirait au respect qu'ils doivent avoir pour une maîtresse. De temps en temps, leur faire quelques petites générosités, et veiller à ce qu'aucune familiarité ne s'introduise entre les deux sexes, dans les manières ;

« 19° Je dois avoir une tenue simple — sans être trop simple. — d'un grand ordre et d'une grande propreté ;

« 20° Ma chambre, de bonne heure, doit être propre et rangée ;

« 21° Je dois, autant que possible, tenir à l'ordre et à la propreté dans toute la maison, et avoir grand soin du linge ;

« 22° Surtout et par-dessus tout, l'ordre et la propreté pour la chapelle et pour ce qui concerne les ornements, linges et tout ce qui doit servir à la sainte Messe ;

« 23° Aller à ma classe dans un esprit de foi et non pour tuer le temps et parce que la classe me convient, mais uniquement par rapport à Dieu, qui m'a donné la faveur de cette œuvre de charité à faire, et qui ne sera méritoire qu'en la faisant avec des intentions pures.

« 24° La visite des malades et des pauvres doit se faire avec esprit de foi ; ils sont les membres souffrants de Notre-Seigneur.

« RÉFLEXION. — *Être fidèle, très fidèle, extrêmement fidèle.* »

Cette fidélité et cette fermeté, entre lesquelles la jeune fille encadrait son règlement de vie furent les traits distinctifs de son caractère et de sa dévotion ; et c'est grâce à cette énergie et à cette fidélité à tous ses devoirs qu'elle put réaliser tant d'œuvres diverses et qui étonnent vraiment de la part d'une femme: Elle était dès lors et elle se montra toujours la *Femme forte* de la sainte Écriture ; c'est sur ce modèle qu'elle se forma, et elle s'efforça constamment d'en reproduire tous les traits. Si elle se dévoua sans réserve aux pauvres, aux malades, aux ignorants, elle n'oublia pas sa propre sanctification, et l'on vient de voir quelle part elle faisait dans sa vie aux exercices de piété. C'est dans la prière, dans la méditation quotidienne, dans les visites au saint Tabernacle, dans la confession hebdomadaire, dans la fréquente communion, dans l'union avec son divin Epoux qu'elle alimentait son amour du prochain, son dévouement et son zèle pour le salut des âmes.

Elle avait pris, d'ailleurs, des moyens efficaces pour se rappeler à chaque instant la présence de Dieu ; elle élevait son cœur vers Lui par des oraisons jaculatoires et de saintes pensées, et elle voulait que chaque heure du jour fût sanctifiée par une pieuse pratique. Voici ce qu'on lit dans l'un de ses cahiers de résolutions :

Après avoir dit qu'elle offrirait à Dieu, dès le matin, toutes ses actions, elle continue ainsi : « A 11 heures je me mettrai en la présence de Dieu et je tâcherai d'avoir une bonne pensée tirée de la méditation ; -- à midi je dirai l'*Angelus*; je ferai un retour sur moi-même ; je penserai à mon sujet de méditation, je renouvellerai mes résolutions en me mettant sous la protection de la Sainte Vierge. Le jour d'action de grâces, je vous rendrai grâces de ce que vous êtes venu dans mon cœur; les jours de préparation :

« Mon Dieu, préparez mon cœur et rendez-le digne de vous. »

« A 1 heure : « Mon Dieu, veillez sur moi et soyez toujours présent à mon esprit » ; — à 2 heures, une bonne pensée ; — à 3 heures, un petit moment pendant lequel je ferai toujours un acte de préparation ou d'action de grâces ; — à 4 heures : « Mon Dieu, j'élève mon cœur vers vous ; fixez-le vers le ciel et détachez-le de tout sentiment de vanité ; » — à 5 heures, je prendrai un petit moment ; — à 6 heures, je me mettrai en la présence de Dieu ; — à 7 heures, j'élèverai mon cœur vers Dieu en lui disant : « Seigneur, augmentez ma foi, ma confiance et mon amour ; » — à 8 heures, « Mon Dieu, veillez sur moi. » — Plus tard, je ferai tout le reste de mes prières avec recueillement et attention. »

On comprend qu'avec de telles dispositions et de tels moyens, grâce à la fermeté de caractère et à l'amour de l'ordre qui la distinguaient, cette âme dut faire de rapides progrès dans la vie spirituelle. Nous pouvons croire qu'elle observa toujours fidèlement tous les points de ce règlement, toutes ces résolutions où dominent sans cesse la pensée de Dieu, le retour à l'oraison du matin, le besoin de l'union étroite avec Jésus-Christ, en un mot la vie surnaturelle, condition et marque infaillible de la sainteté d'une âme.

CHAPITRE V

*Fondation de l'Œuvre des Dames de la Miséricorde.
— Mort de M. le Curé Terraillon. — M. Dufour
lui succède. — Visite à Amplepuis de Monseigneur de
Bonald, archevêque de Lyon. — Mariage de son frère
Ludovic. — Mort de sa mère.*

Entre les années 1835 et 1838, avec l'approbation du curé de la paroisse, Mlle Eugénie de
Pomey fonda, à Amplepuis, l'Œuvre des Dames
de la Miséricorde, dont le but est de venir en aide aux
familles pauvres, en leur distribuant du pain, de la viande
en cas de maladie, du charbon, des vêtements, tous les
objets de première nécessité. Mlle Eugénie voulait ainsi faire
partager aux dames de la paroisse le mérite de sa charité,
leur inspirer le goût de la bienfaisance chrétienne et répandre plus abondamment autour d'elle les secours que jusque
là elle avait dû borner à ses seules ressources. Elle fut
nommée présidente de cette pieuse association, dont elle
conserva la direction jusqu'à sa mort.

Modeste à ses débuts, cette œuvre excellente ne tarda pas
à s'accroître et à s'affermir, grâce au zèle et à l'intelligence

de sa directrice; elle en régla elle-même l'organisation et le fonctionnement. Elle se compose de dames qui consentent à verser chaque année une cotisation de douze francs. Quelques-unes de ces dames sont chargées de visiter à domicile les pauvres et les malades et de leur distribuer des bons selon leurs besoins. Mlle Eugénie divisa la paroisse, qui comptait alors à peu près quatre mille âmes, en sept quartiers; chaque quartier avait sa surveillante, choisie parmi les associées du voisinage. Mlle de Pomey dirigea toujours avec prudence et fermeté cette œuvre importante, présidant les réunions avec beaucoup de tact, rendant exactement compte de tout ce qui se faisait, animant par ses exhortations et surtout par son exemple ses collaboratrices, excitant parmi elles l'émulation de la charité, et payant de sa personne chaque fois qu'une difficulté se présentait, toujours aimable et gracieuse envers tout le monde. Il serait difficile d'apprécier tout le bien que cette œuvre a fait et continue de faire à Amplepuis, depuis soixante ans qu'elle existe. Elle est encore aujourd'hui très prospère et compte une centaine d'associées. Le souvenir de la fondatrice s'y conserve avec respect et vénération, et l'on s'efforce d'y maintenir les bonnes traditions qu'elle y a laissées.

L'année 1837 apporta à Mlle Eugénie et à toute la paroisse d'Amplepuis une grande douleur; M. le curé Terraillon, son vénérable et bien aimé pasteur fut rappelé à Dieu; Eugénie perdait en lui un guide éclairé et qui avait toute sa confiance. Le 24 septembre de la même année la divine Providence envoyait à la paroisse, dans la personne de M. Dutour, un nouveau pasteur selon le cœur de Dieu, plein de zèle et de prudence. Bien que jeune encore, M. Dutour avait toute la maturité que donnent la vertu et la sagesse, qui doit régler les élans de l'ardeur apostolique et de l'amour des âmes. Il comprit toutes les ressources spirituelles que lui offriraient les excellents chrétiens formés par son prédécesseur, et tout le bien qu'il pourrait faire. Il comprit aussi quelle aide puissante le bon Dieu lui donnait dans la famille de Pomey et spécialement dans Mlle Eugénie ; tout de suite ces deux âmes s'entendirent et mirent en commun les trésors de charité et de dévouement que la bonté divine leur avait confiés. Cette entente dura quarante ans, et Dieu seul pourrait dire les bienfaits spirituels et temporels qu'ils semèrent sous leurs pas, les grâces qu'ils attirèrent sur la paroisse, les misères qu'ils secoururent par le concours de leurs volontés, de leurs prières, de leurs aumônes, de leur incessante activité. Mlle Eugénie n'entreprenait rien sans le conseil du curé, devenu bientôt son directeur, et en qui elle avait une confiance absolue. C'est ainsi que la Providence de Dieu dispose, dans un harmonieux accord, les événements et les hommes, en les plaçant dans les conditions les plus favorables pour atteindre le but qu'Elle a en vue pour sa plus grande gloire et le bien de ses élus.

Deux ans après l'installation de M. Dutour, l'archevêque de Lyon, Mgr de Bonald vint faire sa première visite pastorale à Amplepuis. La paroisse s'empressa tout entière au-devant de lui, et la famille de Pomey, la plus considérable du pays, se distingua entre toutes par ses respectueuses prévenances. Mlle Eugénie fut l'âme de la réception ; elle se multiplia avec une touchante modestie, s'efforçant d'inspirer à ses pauvres les sentiments de foi et de vénération dont elle était animée à l'égard du premier pasteur du diocèse, excitant par son exemple le zèle pieux de la population, mettant elle-même la main aux préparatifs et aux décorations improvisées en l'honneur de l'envoyé de Dieu, s'empressant, autant qu'elle le put, de recevoir souvent la bénédiction de l'évêque. Mgr de Bonald n'oublia pas cette famille, très connue et très estimée d'ailleurs à Lyon, où elle comptait parmi les plus distinguées; il entretint avec elle, dans la suite, de fréquentes relations et ne cessa de lui témoigner son estime et son affection. Il apprécia dès lors les qualités éminentes et les vertus de Mlle Eugénie, dont il fut heureux de louer et de seconder de tout son pouvoir le zèle et le dévouement.

Trois ans plus tard, en 1843, le plus jeune frère d'Eugénie, Ludovic épousa Mlle Marie du Corail et alla habiter l'Auvergne. Eugénie restait seule à Rochefort avec ses parents, dont elle s'efforça, par un redoublement de soins et d'attentions filiales, de consoler et d'adoucir la solitude. Chaque fois qu'un mariage ou un baptême se célébrait dans sa famille, elle prenait part, avec un entrain communicatif et une bonne grâce merveilleuse, aux fêtes familiales, présidant aux préparatifs, veillant à tout, empressée auprès de chacun, édifiant tout le monde par sa modestie, sa douce piété, sa bonne humeur et surtout s'efforçant d'attirer sur ceux qui lui étaient chers les grâces d'en haut, par des prières plus ferventes et de plus grandes mortifications, qu'elle avait bien soin de dérober à tous les regards.

Après le mariage de son plus jeune fils, Mme de Pomey, la mère d'Eugénie tomba gravement malade à Lyon, à l'automne de 1843. Sa fille vint aussitôt s'installer auprès d'elle et ne la quitta plus, lui prodiguant tous les soins et tous les soulagements en son pouvoir. Sa sollicitude fut extrême; fréquemment elle donnait des nouvelles de la chère malade à ses frères et à ses sœurs éloignés. Le 8 octobre elle écrivait à son frère Hippolyte :

« Samedi, 11 heures du soir,

« Ma mère va mieux.

« Mon cher Hippolyte, j'ai éprouvé aujourd'hui, sur les 2 heures de l'après-midi, de bien vives inquiétudes sur la maladie de maman, et je t'avoue que je suis encore bien en peine. Elle va bien ce soir, un peu moins mal; mais, hélas! mon cher ami, je t'avoue que le médecin m'a dit que la maladie est grave. Je t'écris en la veillant; ne pensant pas pouvoir le faire, j'avais prié M. de la Garde de le faire... Je suis impatiente de vous voir tous ici.

« Après midi elle m'a témoigné voir avec assez de plaisir le père Maillard, qui l'a confessée et engagée à recevoir les sacrements; c'est là notre unique consolation. Je t'avoue qu'il y a des moments où j'espère que le bon Dieu nous la conservera.

« Ce dimanche, 6 heures,

« Ma mère, quoique ne crachant pas, ne se sentait point la poitrine embarrassée. A 4 heures elle a pu se coucher à plat sans être fatiguée par l'oppression; elle s'est endormie d'un bon et excellent sommeil et j'aime à croire que le médecin la trouvera hors de toute inquiétude. Il me semble qu'à Rochefort elle fut plus malade l'hiver passé. »

Les pressentiments de Mlle Eugénie ne la trompèrent pas; ses prières avaient obtenu du bon Dieu l'amélioration de l'état de sa mère. On en profita pour la ramener à Rochefort, malgré la rigueur de la saison et les fatigues d'un voyage assez long, car alors le chemin de fer n'existait pas entre Lyon et Amplepuis et les voitures mettaient huit heures à faire le trajet. Le 12 novembre Eugénie pouvait écrire de Rochefort à son cher Hippolyte:

« Je m'empresse à venir te donner des nouvelles du

voyage de ma mère, dont l'état ne laisse rien à désirer : elle va parfaitement. Hier nous sommes sortis de Lyon à 9 heures ; ma mère et moi dans la voiture bien fermée, mon père, qui ne peut se passer d'air, sur le siège. A 4 h. 1/2 nous étions auprès d'un bon feu de Rochefort, gais et joyeux de notre heureux retour... Mon père avait eu la bonne idée de faire réparer le chemin du Pin-Bouchain ; nous n'avons point été cahotées. »

Le Pin-Bouchain était le point de la route de Paris à Lyon le plus rapproché de Rochefort ; il y avait là un relai de poste et de ce point un chemin aboutissait au château.

Cependant la santé de Mme de Pomey avait été profondément ébranlée ; huit mois plus tard, le 23 juillet 1844, Dieu la rappelait à Lui, à l'âge de 62 ans. Entourée de ses enfants, de ses petits-enfants et de son mari, elle expira dans les sentiments de la foi la plus vive et de la plus édifiante soumission à la sainte volonté de Dieu, laissant à tous le souvenir réconfortant de sa bonté, de sa piété, de sa charité et l'exemple d'une vie pleine de vertus. Les pauvres pleurèrent en elle leur bienfaitrice généreuse et discrète ; mais déjà sa fille Eugénie se montrait la digne héritière de ses vertus et de sa charité.

CHAPITRE VI

Mlle Eugénie, maîtresse de maison à Rochefort. —
Son activité. — Mort de sa sœur Albine.

A mort de sa mère fut pour Mlle Eugénie une cause de vive affliction et fit à son cœur une blessure qui resta longtemps sans se cicatriser. Sa foi, sa confiance en la miséricorde divine, la pensée de la vie si profondément chrétienne de sa mère soutinrent son courage et elle s'excita plus vaillamment à imiter les exemples qu'elle avait eus sous les yeux.

Cette mort fut aussi pour elle l'occasion d'un grand acte d'énergie qui montre bien, en même temps que sa scrupuleuse obéissance, toute la force de son caractère et l'empire qu'elle savait, au besoin, exercer sur sa sensibilité. Mme de Pomey avait été poursuivie, pendant toute sa vie, par la crainte d'être enterrée vivante. Obsédée par cette idée, elle avait fait promettre à sa fille Eugénie de lui appliquer sur les pieds, après sa mort, un fer brûlant. Eugénie ne crut pas pouvoir se soustraire à cette promesse, malgré tout ce que cet acte lui inspirait de répugnance et de douleur. Assistée par son frère Ludovic, elle eut le courage d'exécuter ce qu'elle avait promis; mais elle disait plus tard que, dans toute sa vie, jamais aucune action ne lui avait autant coûté que celle-là.

Après la mort de Mme de Pomey, Mlle Eugénie remplit à Rochefort le rôle de maîtresse de maison, entourant son père d'une tendresse encore plus attentive et d'une affection plus expansive. Toujours gracieuse et souriante, elle dirigeait tout avec intelligence et bonté, veillant surtout à la propreté, à l'ordre, à l'exactitude, pourvoyant à ce que les domestiques remplissent fidèlement leurs devoirs religieux. Elle recevait avec sa bonne grâce habituelle les parents et les amis de sa famille, qui venaient nombreux au château ; elle entretenait avec ses frères et avec ses sœurs une correspondance fréquente, les tenant au courant de tout ce qui pouvait les intéresser et surtout de ce qui concernait son vénéré père. Bien qu'elle n'aimât pas beaucoup à écrire, parce que son tempérament et ses œuvres charitables réclamaient d'elle une activité incessante, elle le faisait par piété filiale, par charité envers ses frères et sœurs. Elle avait alors trente ans.

Ses occupations à Rochefort, ses soucis de maîtresse de maison ne nuisaient en rien à ce qu'elle regardait comme son devoir envers les enfants qu'elle instruisait, les malades et les pauvres qu'elle assistait. Elle savait si bien utiliser tous ses moments qu'elle suffisait à tout. Ne perdant jamais un instant, il semblait qu'elle eût le don de se multiplier et qu'on la vît partout en même temps.

Comme, à partir de la mort de Mme de Pomey, on cessa d'avoir un aumônier au château, Mlle Eugénie n'eut plus la consolation d'entendre la sainte Messe ni de pouvoir adorer le Saint-Sacrement dans la chapelle de Rochefort, ainsi qu'elle l'avait fait jusqu'alors. Ce fut pour elle une bien grande privation. Mais, pour rester fidèle à son règlement, elle se levait tous les jours à 4 heures, même en hiver et venait assister, dans l'église d'Amplepuis, à la première messe qui se disait à 5 heures, l'hiver comme l'été. Après sa demi heure de méditation, qu'elle faisait toujours à genoux, et son action de grâces les jours où elle avait reçu la Communion, si elle n'avait pas à conférer avec M. le Curé, ce qui était rare, et que rien de pressant ne l'obligeât à aller voir quelque malade, elle remontait à Rochefort, où elle s'occupait jusqu'à midi, soit à sa classe, soit aux soins domestiques, s'informant et se faisant rendre compte de tout, s'ouvrant à son père de ses projets, prenant ses avis, surveillant sa santé.

Elle redescendait presque chaque jour dans l'après-midi pour la visite des malades et des familles pauvres ; pour ces dernières, elle voulait connaître leur situation, leurs ressources, leur travail, leurs occupations, la manière dont elles administraient leur petit budget ; elle leur donnait aimablement quelques conseils et leur distribuait à propos et à bon escient les secours dont ils avaient besoin, sans parcimonie, comme sans prodigalité. Elle leur enseignait l'ordre, l'économie, la bonne tenue du ménage, les soins à donner à leurs malades et à leurs enfants et cherchait, par tous les moyens, à leur inspirer des sentiments chrétiens, une bonne conduite, les exhortant doucement à la piété, à l'accomplissement de leurs devoirs, à la soumission envers la divine Providence, à la pensée fréquente de Dieu et des récompenses éternelles promises par Notre Seigneur aux petits, aux pauvres et aux affligés.

C'est par de tels procédés, suggérés par la prudence et la charité, qu'elle arrivait, sans faire des dépenses exagérées qui eussent été inutiles et parfois nuisibles, à soulager une foule de misères, au milieu de cette population ouvrière dont le chiffre allait sans cesse croissant. Et ainsi elle trouvait le moyen de verser d'abondantes aumônes aux diverses œuvres dont elle s'occupait et dont nous aurons bientôt à parler.

Deux ans et demi après la mort de Mme de Pomey, le 1er janvier 1847, M. de Pomey était, pour la seconde fois, nommé maire de la commune d'Amplepuis, fonctions qu'il conserva jusqu'au 1er novembre 1851, trois mois avant sa mort. Sa fille Eugénie profita, avec un tact et une sagesse admirables, de l'influence que lui donnait l'autorité de son père, et elle sut mettre à contribution cette autorité elle-même en faveur de ses enfants, de ses pauvres, de tous ceux auxquels elle s'intéressait. Ces deux cœurs, ces deux volontés n'en faisaient qu'une quand il s'agissait de procurer le bien public, de soutenir les intérêts de la religion, de fournir à la paroisse ou à la commune quelque avantage spirituel ou matériel; ce fut le souci constant de M. de Pomey et de sa fille.

Une épreuve bien cruelle pour toute la famille vint bientôt apporter un nouveau deuil à Rochefort; Mme Albine de Vangel, sœur ainée de Mlle Eugénie, mourait le 8 octobre 1848, à l'âge de 42 ans, dans des sentiments extraordinaires de foi et d'amour divin, et dans une sorte de ravissement, comme une prédestinée. Eugénie s'était transportée auprès d'elle; elle eut la consolation de l'assister à ses derniers moments et de recueillir ses dernières paroles et son dernier soupir. Elle se fit, toute sa vie, un devoir sacré d'aller porter aux mourants de sa famille et à ceux de son entourage le secours de sa présence, de ses prières et les encouragements si nécessaires en ces circonstances. Sa foi et sa piété se montraient alors dans toute leur énergie, et, malgré la profonde douleur et les déchirements qu'elle éprouvait en se séparant de ceux qu'elle aimait, elle ne cessait, jusqu'à leur dernier soupir, de comprimer, sa souffrance, de leur suggérer des sentiments de confiance en Dieu et les saintes pensées les plus propres à les préparer au dernier passage. Et puis, le sacrifice consommé, elle trouvait sa consolation dans l'édification que lui avait donnée le spectacle d'une mort chrétienne et précieuse devant Dieu. Cette œuvre de l'assistance des mourants fut l'une de celles qui lui tenaient le plus au cœur, et auxquelles elle se montra constamment fidèle.

Après la mort de sa sœur, elle écrivait, le 28 octobre, à sa belle-sœur, Mme Hippolyte de Pomey, la touchante lettre qui suit :

« Ma chère Pauline, je ne saurais t'exprimer toute la douleur que ta bonne lettre m'a fait ressentir.... La perte que nous avons faite est bien grande ! Ce pauvre Albert (M. de Vangel) est surtout bien à plaindre, et ces pauvres enfants, si jeunes encore, ne plus avoir de mère ! j'en ai particulièrement le cœur déchiré pour eux. Je ferai bien tout mon possible pour alléger cette perte par les soins que je leur prodiguerai; mais, je le sens par moi-même, rien ne peut remplacer une mère. Quel vide immense je ressens de ne plus avoir cette bonne sœur; depuis ma sortie de pension nous ne nous étions pas quittées. J'en éprouve un isolement que rien ne peut exprimer. Mais les grâces extraordinaires qu'elle a reçues, et l'édification si grande de ses derniers moments, dont j'ai été constamment témoin, allègent ma douleur et seront toute ma vie une source de consolation. »

Sa charité et son bon cœur la faisaient souffrir de la perte qu'avaient faite le mari et les enfants de sa sœur plus que de sa propre douleur. C'est bien là un des caractères de la vraie charité surnaturelle, qui s'oublie soi-même pour penser aux autres. Et c'est ainsi que Mlle Eugénie pratiqua cette vertu toute sa vie.

CHAPITRE VII

La Chanoinesse Eugénie de Pomey. — La révolution de 1848. — Ses inquiétudes, sa confiance en Dieu.

EUX jours avant la date de la lettre qu'on vient de lire, le 26 octobre 1847, avait lieu dans l'église d'Amplepuis une cérémonie religieuse qui marqua le commencement d'une nouvelle phase dans la vie de Mlle Eugénie. Mgr de Bonald avait été créé cardinal le 1er mars 1841, un an après sa première visite à Amplepuis. Appréciant comme elle le méritait l'admirable charité de la famille de Pomey et les services qu'elle avait rendus et qu'elle rendait encore à la paroisse, le zèle, le dévouement, la piété de Mlle Eugénie, Son Eminence avait voulu leur donner un témoignage public et éclatant de sa haute estime et de sa particulière affection, en faisant conférer à Eugénie le titre de Chanoinesse.

Il existait autrefois en France et dans plusieurs autres royaumes, des couvents et des chapitres de chanoinesses, dont les unes étaient de vraies religieuses, astreintes à une règle et à la récitation de l'office divin, et dont les autres, appelées *chanoinesses séculières*, étaient simplement agrégées à un chapitre régulier, mais portaient le titre et les insignes des chanoinesses, tout en vivant dans le monde, sans être liées par aucun vœu et aucune obligation. Les chanoinesses séculières, quoique non mariées, avaient le privilège de porter le titre de *Madame*. Pour faire partie d'un chapitre de chanoinesses, il fallait justifier d'un certain nombre de quartiers de noblesse. La révolution supprima en France tous les chapitres et couvents de chanoinesses ; mais il existe encore aujourd'hui en Allemagne quelques chapitres nobles de chanoinesses, dont l'un des plus considérés est celui de Sainte-Anne de Munich, en Bavière. Il porte le nom d'*Institution royale des Dames de Sainte Anne de Munich* ; il dépend du roi de Bavière, qui a le droit d'y admettre des membres honoraires et des membres étrangers.

Son Eminence Mgr le cardinal de Bonald avait obtenu, à la date du 10 juin 1847, la nomination de Mlle de Pomey comme Chanoinesse de Munich. Elle réunissait les titres et les qualités exigées pour cette dignité et avait été avisée, dans le courant du mois de juillet, de sa nomination. Elle en parle dans une lettre à son frère Hippolyte datée de Rochefort le 2 août 1847 ; elle lui dit qu'elle n'a pas encore reçu la croix ni le diplôme et qu'elle présume les recevoir des mains de Son Eminence à l'époque de la bénédiction des cloches.

C'est, en effet, ce qui eut lieu. Le 26 octobre de la même année le Cardinal de Bonald se rendit à Amplepuis pour procéder à la bénédiction de quatre nouvelles cloches. La plus grosse, dite le bourdon, eut pour parrain M. Jean de Pomey, maire, et pour marraine, Mlle Eugénie de Pomey. La famille de Pomey avait contribué dans une large mesure à la souscription ouverte pour l'acquisition de ces cloches, et Mlle Eugénie avait fait don, à cette occasion, à l'église paroissiale, d'un magnifique ornement de velours. Le

Cardinal profita de cette circonstance, qui avait attiré beaucoup de monde à l'église, pour publier solennellement devant les fidèles assemblés, la dignité dont venait d'être revêtue Mlle Eugénie de Pomey. Du haut de la chaire, après avoir fait en termes fort délicats l'éloge de la famille de Pomey, de Mlle Eugénie, de ses vertus, de son dévouement à sa paroisse, des exemples de vertus qu'elle donnait, il ajouta que le titre de chanoinesse conférait à la titulaire le droit d'être appelée *Madame* et il priait les paroissiens de vouloir bien se conformer à cet usage.

Le bon esprit qui régnait dans la paroisse, l'affection respectueuse dont on entourait la famille de Pomey, la vénération qu'inspiraient à tous la charité, la bonté, la modestie de Mlle Eugénie, firent que tout le monde déféra avec empressement et avec joie au désir si formellement exprimé du premier pasteur du diocèse, et, à partir de ce jour, Mlle de Pomey ne fut plus connue dans sa famille, dans la paroisse et dans les environs que sous le nom de Mme la Chanoinesse, Mme de Pomey ou Mme Eugénie.

Voici quelle était la teneur du diplôme qui lui fut remis par le Cardinal, de la part de Sa Majesté le roi de Bavière ; le texte est en allemand dans l'original ; nous en donnons seulement la traduction.

LOUIS

Par la grâce de Dieu, roi de Bavière,
Comte palatin du Rhin,
Duc de Bavière, de Franconie et de Souabe.

« Après nous être trouvé très favorablement disposé à
« recevoir Mlle Eugénie de Pomey au nombre des membres
« honoraires étrangers de Notre noble Institution des Dames
« de Sainte-Anne de Munich, Nous lui faisons remettre, en

« cette qualité, avec les insignes à porter suivant les statuts,
« le présent décret de nomination, paraphé de Notre propre
« main et expédié sous Notre grand sceau secret de
« chancellerie, pour la légitimation quand besoin sera.

« Munich, le 10 Juin 1847.

« LOUIS.

« Décret pour Mlle Eugénie De Pomey comme dame
« honoraire de la Royale Institution de Sainte-Anne de
« Munich.

« Par tout puissant ordre royal :

« Le Secrétaire secret,

« Gessetz. »

Les insignes consistent en une croix ornée d'une petite
statue de la Sainte Vierge, qui se porte suspendue au cou
par un ruban.

Mme Eugénie ne portait que fort rarement ces insignes,
car sa modestie en souffrait ; nous les lui avons vu mettre
une seule fois, à Rome, en 1865, sur les instances qui lui
furent faites, lorsqu'elle fut admise à l'audience du Souverain Pontife Pie IX ; elle le fit par obéissance et pour rendre
honneur à celui qui la recevait. Elle les revêtait aussi, pour
faire plaisir à sa famille, lorsqu'elle assistait aux mariages de
ses nièces. Elle s'affligeait des hommages que l'on rendait
à ses mérites ; elle considéra sa dignité de Chanoinesse
comme une consécration publique et irrévocable de sa
personne et de sa vie aux pauvres et aux membres souffrants
de Jésus-Christ ; elle l'appelait une sorte de mariage, et elle
s'appliqua à se montrer de plus en plus fervente, de plus en
plus humble, de plus en plus fidèle à ses engagements envers
Celui qu'elle avait librement choisi pour son Epoux, de
plus en plus dévouée à son service et à son amour.

En 1848, après la proclamation de la République, l'esprit révolutionnaire et socialiste avait gagné plus ou moins toutes les communes de France. Le commerce et l'industrie en subirent le contre-coup et la population ouvrière d'Amplepuis se vit bientôt réduite à la misère par le chômage. Mais, grâce à la prudence et à la sagesse du maire, grâce à l'influence qu'exerçait sur eux Mme Eugénie, aux paroles de consolation, d'apaisement et d'espérance qu'elle leur portait avec ses aumônes, les ouvriers résistèrent aux excitations mauvaises de quelques meneurs qui, d'avance, se partageaient les dépouilles des riches et convoitaient tout spécialement le château de Rochefort. M. de Pomey fit tous ses efforts pour procurer du travail à ces pauvres ouvriers; la plupart ne demandaient qu'à gagner paisiblement et honnêtement leur vie.

Quelques démonstrations hostiles contre le maire échouèrent pitoyablement; en vain les socialistes de ce temps-là promenèrent dans les rues le drapeau rouge, puis le drapeau noir en chantant la *Marseillaise* et la *Carmagnole* pour terroriser la population; l'énergie bien connue de M. de Pomey, les sages mesures qu'il sut prendre rassurèrent les honnêtes gens et l'on put éviter tout conflit.

La Chanoinesse prenait une grande part aux soucis et aux préoccupations de son père; non seulement elle le soutenait de ses prières, mais elle l'encourageait et l'aidait de ses conseils et elle le secondait de toute la force de son caractère et de sa confiance en Dieu. C'est à elle, en partie, que la commune d'Amplepuis a dû de conserver à sa tête le seul homme qui fût alors capable de résister à l'orage et de maintenir l'ordre dans ces conjonctures difficiles.

Il existe depuis plusieurs siècles, à Amplepuis, confinant au cimetière et dominant la ville, une chapelle dite de

Saint-Roch, dédiée à la Très Sainte Vierge sous le vocable de Notre-Dame de Grâces, où les fidèles aiment à porter leurs prières et leurs supplications, soit dans leurs besoins privés, soit dans les dangers ou les calamités publiques ; elle est comme le Fourvière d'Amplepuis, et de nombreux ex-voto attestent la dévotion populaire et la puissante bonté de Marie. Pendant les mauvais jours de 1848 on disait tous les jours une messe dans cette chapelle pour implorer la protection de la Très Sainte Vierge sur la France et sur la paroisse ; la Chanoinesse ne manqua jamais d'y assister et d'y convoquer toutes les personnes pieuses ; nous verrons dans la suite combien elle aimait cette petite chapelle de Saint-Roch et quelles grâces elle y obtint. Elle avait provoqué aussi de nombreuses prières pour attirer la miséricorde de Dieu sur Amplepuis et sur la patrie. Une lettre à son frère Hippolyte, en date du 11 avril 1848, nous fait connaître ses sentiments, ses préoccupations et donne d'intéressants détails sur l'état des choses et des esprits dans la commune. Après avoir timidement exprimé le désir de voir bientôt son frère à Rochefort, elle continue ainsi :

« Je crains qu'il ne faille se contenter de la bonne volonté ; nous comprenons avec peine que dans les fâcheuses circonstances où nous nous trouvons, chacun doit être à son poste. Il est triste d'être séparés ainsi les uns des autres, on aurait besoin de se voir et de s'encourager. Que pourrai-je te dire de l'état de notre malheureux pays, sinon qu'il est presque désespérant. Nous n'avons que des mousseliniers qui vivent au jour le jour et qui sont démontés (1). Mon père en a pris une vingtaine et en a

---

(1) Mot employé par les tisseurs en mousseline (*mousseliniers*) pour dire qu'ils n'ont pas de travail, n'ayant pas de pièce *montée* sur leur métier.

mis près de deux cents à la route. Mais comment se procurer le numéraire pour entretenir un nombre pareil? Et, si on les laissait sans ouvrage, la sûreté publique serait fortement compromise. Dans des temps aussi mauvais, la charge de maire est un lourd fardeau; mon père avait bien pensé à donner sa démission; mais, ayant appris que celle du maire de Thizy (1) avait été refusée, et puis ayant eu connaissance d'une circulaire annonçant qu'aucune démission ne serait acceptée, il n'a fait aucune démarche pour s'en défaire...

« M. Loubeau (2) est venu, il y a une huitaine de jours à Amplepuis, avec beaucoup de fracas, annonçant qu'il allait tout bouleverser; mais son parti s'est trouvé si faible qu'il en a eu assez de quarante-huit heures et il est reparti sans tambour ni trompette. Jusqu'à présent il ne s'est rien passé de fâcheux; nous avons eu seulement quelques complots : Il faut aller au château pour nous faire donner; M. de Pomey devrait bien faire un sacrifice d'une cinquantaine de mille francs, il ne s'en apercevrait pas et nous rendrait bien service, et autres choses semblables. On le fait passer pour avoir des millions et des millions, et malgré tous les sacrifices qu'on fait pour eux, qu'est-ce que cela pour M. de Pomey? Il pourrait faire davantage. On ne voit

---

(1) Petite ville voisine d'Amplepuis, alors chef-lieu du canton auquel appartenait Amplepuis.

(2) M. Loubeau était un médecin qui, après avoir exercé quelques années à Amplepuis avec succès, était allé se fixer à Lyon. Imprégné des idées socialistes, il vint à Amplepuis au commencement du mois d'avril 1848, dans l'intention de faire remplacer l'administration conservatrice par une administration révolutionnaire. Il échoua complètement devant le mépris des honnêtes gens, qui étaient alors en très grande majorité.

que des ingrats. Comme tu le dis fort bien, c'est une année ruineuse qui obligera à entamer le capital; le temps et le manque d'ouvrage nous y forcent.

« On peut supposer qu'il y aura beaucoup de maires changés après cette assemblée nationale. D'après ton avis, j'ai engagé mon père à se mettre en règle, afin de faire légaliser tout ce qui peut en avoir besoin, il m'a dit qu'il s'en occupait.

« Nous avons tous besoin de nous armer de courage et de résignation à la volonté de Dieu. On prie beaucoup depuis que la quarantaine est commencée, tous les jours M. le Curé va dire la messe à Saint-Roch, et on s'y rend avec le plus grand empressement. On prétend que c'est notre club et qu'il est présidé par la Sainte Vierge; il est certain qu'on la prie avec une grande confiance. »

Dans une autre lettre au même, du 30 avril, elle disait :

« Mon père a reçu vendredi ta lettre : tu ne saurais croire combien l'annonce de ta visite, ainsi que celle de Ludovic nous fait plaisir et besoin. Notre excellent père est dans une position extraordinairement pénible; 320 ouvriers sans compter les 60 qui sont à Villefranche et qu'il craint de voir revenir d'un jour à l'autre. Hier il s'est rendu sur la route avec plusieurs membres du conseil, et, comme il est à court d'argent, et à la fin prochaine du travail, il a annoncé que ceux du bourg travailleraient les trois premiers jours de la semaine et ceux de la campagne les trois derniers. Le plus grand nombre se sont prononcés en disant qu'ils reviendraient, qu'ils avaient besoin de pain pour leur famille. Cette situation inquiète beaucoup mon père; les occupations d'un maire dans une paroisse aussi misérable et aussi considérable, dans des circonstances comme celles où nous nous trouvons, sont d'un poids insupportable : je crains que sa santé finisse par s'altérer.

« J'ai appris avec peine l'état de souffrance de Pauline : Je regrette sincèrement de ne pouvoir, à la suite du séjour que tu feras auprès de nous, lui faire une petite visite ; mais la sollicitude que j'éprouve sur le compte de notre excellent père est si grande que je ne pourrai me décider à une petite séparation... Albert (M. de Vangel) avait le projet de nous quitter, mais j'ai tellement insisté que j'ai obtenu qu'il ne partirait qu'après un changement en mieux. Quand viendra-t-il ? Dieu seul le sait ; mais espérons qu'Il se laissera toucher par tant de ferventes prières qui lui sont adressées par un grand nombre d'âmes toutes dévouées à son service. »

Pendant les mauvais jours que l'on eut à traverser, un Père Jésuite, le P. Blanc était venu demander l'hospitalité au château de Rochefort ; il y fut accueilli avec tout le respect et la pieuse charité qu'inspiraient à la famille le caractère et la situation du religieux, et l'on fut heureux de le conserver et de lui garder l'incognito jusqu'au moment où il put sans danger regagner son couvent. Le 5 janvier 1849, Mᵐᵉ Eugénie écrivait à sa belle-sœur, Mᵐᵉ Hippolyte de Pomey : « Ma chère Pauline, j'ai reçu ta lettre qui m'a fait le plus grand plaisir et je te prie de croire, malgré le retard que j'ai mis à y répondre, à tout mon empressement à venir m'entretenir avec toi et à te souhaiter, ainsi qu'à Hippolyte, bonne et heureuse année. Par la même occasion j'embrasse mon cher trio de nièces en les retenant pour le premier galop que je danserai.

« Nos mauvais esprits d'Amplepuis se sont assez calmés pour que nous n'ayons plus à craindre leur curiosité malfaisante pour M. Blanc, dont nous continuons avec soin à cacher la qualité de jésuite. Albert est venu se réunir à nous avec toute sa petite famille; nous avions besoin de cette réunion; depuis longtemps, mon père et moi nous nous trouvions plongés dans une grande solitude, j'éprouve surtout une grande jouissance à avoir la messe dans notre chapelle... Rien de nouveau dans notre Amplepuis; la misère s'y continue par suite du grand nombre d'ouvriers qui se trouvent sans ouvrage; mon père est constamment occupé des uns et des autres. Grâces à Dieu sa santé ne souffre nullement de cette multitude d'occupations. Adieu, ma bonne chère Pauline; je t'embrasse ainsi qu'Hippolyte, avec une sincère affection, en me disant : ta sœur et amie. »

E. de P.

On aura remarqué que, dans ses lettres, la bonne Chanoinesse ne parle jamais de ce qu'elle fait elle-même pour soulager les misères qui l'entourent, des secours qu'elle distribue journellement aux familles pauvres, des paroles d'apaisement qu'elle porte partout où fermente le levain de la haine; son humilité lui fermait la bouche sur le rôle bienfaisant qu'elle ne cessa pourtant de remplir tant que dura le malaise engendré par la révolution. Peu à peu la tranquillité se rétablit, la confiance revint, les industriels du pays rouvrirent leurs ateliers et tout rentra dans l'ordre habituel.

CHAPITRE VIII

L'Ecole des Frères d'Amplepuis. — L'Ecole cléricale. — L'œuvre des séminaristes. — Fondation de la bibliothèque paroissiale. — Mort de son père M. Jean de Pomey.

ON put alors s'occuper sérieusement de quelques projets intéressant les écoles, auxquels Mme de Pomey apporta le précieux concours de sa charité et de son zèle. Elle eut toujours une prédilection pour les œuvres touchant à l'instruction et à l'éducation des enfants, des jeunes gens, et des jeunes filles; son jugement si éclairé lui avait fait comprendre toute l'importance des écoles catholiques et elle fit tous ses efforts pour maintenir dans sa paroisse, aussi longtemps qu'on le put, des écoles exclusivement congréganistes.

L'école des garçons, que deux Frères de Saint-Viateur avaient ouverte à Amplepuis en 1838, occupait un local incommode à cause de sa situation trop excentrique et devenu insuffisant à mesure que la population s'accroissait. Il était nécessaire de lui procurer un établissement plus en rapport avec sa destination et ses besoins. Une souscription fut ouverte en 1850 pour l'acquisition du terrain et la construction des bâtiments. M. de Pomey s'inscrivit en tête de là liste pour dix mille francs ; sa fille y ajouta une généreuse offrande et, en quelques jours, trente mille francs furent recueillis. La commission des hospices céda une parcelle du terrain qu'elle possédait au nord de la ville, rue des Fontaines ; on acheta une autre portion et la construction fut commencée en 1851: Mme de Pomey obtint de son père qu'il donnerait tous les bois nécessaires.

Les Frères prirent possession de la nouvelle école à la rentrée d'octobre de 1852. Un pensionnat s'ajouta à l'école communale et devint bientôt très florissant. Un peu plus tard on fonda une école cléricale que la Chanoinesse encouragea de tout son pouvoir et soutint de son influence et de sa bourse. Sous la sage et intelligente impulsion du directeur M. Jean Blein, admirablement secondé par son frère M. Georges Blein, tous deux clercs de Saint-Viateur, ces écoles atteignirent rapidement un degré inespéré de prospérité ; de l'école cléricale en particulier, sortirent plus de 40 prêtres ou religieux et un évêque, Mgr Chouzy, missionnaire en Chine, neveu des frères Blein.

Mme Eugénie choisissait elle-même, dans les familles pauvres qu'elle visitait, des enfants chez lesquels elle reconnaissait les aptitudes et les qualités nécessaires pour les faire admettre à l'école cléricale, avec l'espérance qu'ils pourraient devenir plus tard de bons prêtres. Elle les présentait à M. le Curé ; et, une fois entrés à l'école, ne les perdait plus de vue, pourvoyant à leurs besoins, subvenant aux frais de leur instruction. Puis elle les plaçait, lorsqu'ils en étaient dignes, dans un séminaire du diocèse, où elle continuait à les entretenir à ses frais jusqu'au terme de leurs études. Plusieurs, qui vivent encore, et d'autres qui sont morts lui doivent, après Dieu, en quelque sorte, leur vocation et leur entrée dans le sacerdoce. Combien elle comprenait l'importance et la grandeur de cette œuvre des vocations ecclésiastiques et quels mérites ne s'est-elle pas acquis par les sacrifices qu'elle s'imposa pour les provoquer et les soutenir !

Dieu bénissait visiblement le travail et les efforts des personnes qui se dévouaient à ces œuvres, et dont les principales étaient M. le Curé de la paroisse, le maire, M. Blein, et la Chanoinesse, dont la confiance inébranlable, la tenace persévérance et la parole pleine de foi étaient comme le ciment qui unissait les volontés de ses collaborateurs.

Quels que fussent les obstacles, les difficultés, les contradictions qu'elle rencontrât devant elle, lorsqu'elle avait longuement mûri un projet devant Dieu et qu'elle l'avait reconnu avantageux pour la gloire de son divin Maître et le bien des âmes, elle allait de l'avant d'un pied ferme ; on ne la vit jamais se décourager, et il lui fallut parfois une énergie peu commune pour mener à bien ses entreprises ; on pouvait lui appliquer en toute vérité le dicton populaire : *Ce que femme veut, Dieu le veut ;* mais elle ne voulait jamais que ce qu'elle croyait conforme à la volonté de Dieu.

Vers la même époque, la zélée Chanoinesse eut l'idée de fonder une bibliothèque paroissiale, dans le but de soustraire la population ouvrière à l'influence malsaine des mauvais livres et des mauvais journaux.

On chercha un local, et, sous la direction intelligente d'un des vicaires, M. l'abbé Périer, mort récemment chanoine titulaire de la Primatiale de Lyon et connu par de nombreux ouvrages, la bibliothèque fut installée fort convenablement. La fondatrice fit les premiers frais ; elle commença par donner tous les volumes de sa petite bibliothèque personnelle, prêchant ainsi d'exemple. Puis elle se mit en quête d'argent et de livres pour garnir les rayons. Elle ne craignit pas de se rendre elle-même dans chaque famille où elle espérait trouver quelque ressource et de faire un pressant appel à la générosité de chacun, en faveur de sa nouvelle œuvre. Dans ces circonstances elle était irrésistible ; sa bonne grâce, la douceur et l'éloquence persuasive de sa parole, ses manières affables faisaient passer ses convictions dans les esprits les plus prévenus ; lorsqu'elle quêtait ainsi à domicile pour ses œuvres, elle recevait avec le même sourire bienveillant et les mêmes témoignages de reconnaissance la riche offrande d'une main généreuse et la mesquine obole donnée de mauvaise grâce pour se débarrasser d'une importunité. Elle souffrait, sans doute, intérieurement de rencontrer parfois si peu de charité, mais jamais elle ne laissa paraître au dehors ses impressions et n'adressa aucun reproche. Et lorsqu'elle ne rencontrait pas chez elles les personnes sur lesquelles elle comptait, nous l'avons vue leur tendre la main dans la rue pour solliciter et recevoir leur aumône.

Le succès couronna ses démarches ; la bibliothèque fut bientôt assez riche pour suffire aux nombreuses demandes qui affluèrent, à la grande satisfaction de la Chanoinesse. Mme Eugénie organisa elle-même l'administration de la bibliothèque, entrant dans tous les détails, précisant le règlement, avec un tact et une entente merveilleux. Elle avait deviné, là aussi, le besoin des âmes et y pourvoyait sans retard avec cette activité et cet esprit de foi qui vivifiait toutes ses entreprises. Cette œuvre est encore aujourd'hui en pleine prospérité et rend d'immenses services à la jeunesse et aux nombreux ouvriers et ouvrières du pays. L'impulsion si vigoureusement imprimée dès le début à cette institution n'a pas cessé de produire des fruits, et ce sont toujours les traditions de Mme de Pomey, son esprit de foi et sa charité qui animent la direction actuelle de la bibliothèque et continuent à faire le plus grand bien dans la paroisse.

La Chanoinesse étendait ainsi graduellement et sans bruit le champ de son action et de son zèle, sans négliger aucune des œuvres qu'elle avait commencées, surtout le soin des pauvres et des malades; elle trouvait encore le moyen d'être assidue à sa classe, de catéchiser les infirmes et les pauvres enfants de la campagne. Il semblait, à mesure que ses occupations se multipliaient, que le bon Dieu accrût dans la même proportion son courage, son activité, ses forces et ses ressources. Et cependant on ne la voyait jamais pressée ni impatiente; elle donnait à chacun et à chaque chose tout le temps nécessaire pour que tout le monde fût content et que tout se fit avec soin, avec calme, avec réflexion, avec toute la maturité convenable. On s'étonne vraiment que le temps dont elle disposait ait pu suffire à mener de front tant d'occupations, étant donné son éloignement du centre de ses œuvres, puisqu'elle habitait Rochefort, où auraient dû la retenir souvent ses soucis de maîtresse de maison et l'affection dont elle entourait son vieux père; mais son grand secret, en dehors des grâces surnaturelles qui certainement ne lui manquaient pas, était l'habitude qu'elle avait de ne jamais perdre une minute, jointe à la régularité parfaite de sa vie, à l'exactitude minutieuse qu'elle s'était imposée dans toutes ses actions. Et ainsi, elle suffisait avec une aisance merveilleuse à toutes ses charges et à une besogne si multiple.

Cependant Dieu allait lui demander un sacrifice profondément douloureux et qui devait apporter dans son existence extérieure de bien grands changements. Son excellent père, comme elle aimait à l'appeler, fut atteint, à l'automne de 1851, de la maladie qui devait l'emporter. Malgré les soins si dévoués que lui prodigua sa fille, les rigueurs de l'hiver, son grand âge, la dépense de forces physiques et morales que nécessitaient ses fonctions et son activité naturelle eurent raison de sa santé jusqu'alors si robuste. Le 1er novembre, il résigna sa charge de maire et consacra les quelques mois qui lui restaient à vivre à se préparer à la mort, sans se désintéresser pourtant tout à fait de sa chère commune d'Amplepuis. Les administrateurs qui lui succédèrent trouvaient toujours auprès de lui, avec l'accueil bienveillant qu'il faisait à tous, les conseils éclairés de sa prudence et de son expérience.

Il est facile d'imaginer avec quelle douloureuse anxiété et quelle pieuse sollicitude la Chanoinesse suivait les progrès du mal ; de quels soins, de quelles attentions délicates elle entoura les derniers jours de son vénéré père ; quelles prières elle fit et sollicita pour sa conservation, tout en demandant surtout l'accomplissement de la volonté de Dieu, à laquelle elle était toujours disposée à se soumettre en tout. Que de nuits elle passa à son chevet, lui parlant de Dieu, du ciel, animant sa confiance, écoutant ses avis, recueillant avec amour et respect ses dernières recommandations. Il lui confia spécialement la mission de continuer après lui ses bonnes œuvres. La recommandation ne tombait pas dans un cœur indifférent ; toute la vie de la bonne Chanoinesse ne fut que la mise en pratique de ces dernières volontés de son père ; elle n'avait d'ailleurs qu'à continuer ce qu'elle avait si bien commencé avec lui.

M. de Pomey, après avoir reçu, avec les sentiments de la foi la plus vive et avec le calme des âmes justes, les derniers

sacrements, s'éteignit doucement le 2 février 1852, jour de
la fête de la Purification de la Sainte Vierge, entouré de
ses enfants et de ses petits-enfants, en les bénissant et
en leur léguant l'héritage de ses vertus, de son dévouement
et de sa charité. Il avait vécu 78 ans, et sa fille la Chanoinesse était alors âgée de 38 ans.

La paroisse d'Amplepuis ressentit non moins vivement
que la famille du défunt la perte qu'elle venait de faire. Les
journaux de Lyon ont raconté les magnifiques funérailles
qui lui furent faites, escortées par la foule des pauvres, des
enfants des écoles, des ouvriers qu'il avait aimés et assistés,
et dont les larmes le louaient mieux que les discours. Un
grand nombre de prêtres des paroisses environnantes se
firent un devoir de joindre leurs prières à celles du clergé
paroissial et d'accompagner jusqu'au cimetière de Saint-
Roch le cercueil de celui qui avait été si longtemps pour
eux un appui, un conseiller bienveillant et un généreux
bienfaiteur.

Le cardinal de Bonald, dans une lettre de condoléance
adressée à Madame la Chanoinesse, se plut à rendre hommage au caractère et aux vertus de celui dont elle pleurait
la mort. Voici en quels termes il lui écrivit :

Lyon, 8 février 1852.

« C'est avec douleur, Madame, que j'ai appris la perte
cruelle que vous venez de faire. J'avais une estime particulière pour votre vénérable père. Sa piété, ses principes, son
caractère, tout lui conciliait l'affection et le respect des
personnes qui avaient l'avantage de le connaître. Aussi je
comprends votre chagrin et je m'empresse de vous exprimer
toute la part que j'y prends. Toute la paroisse d'Amplepuis
l'a partagée.

« Vous avez, Madame, bien des motifs de consolation dans cette belle vie qui vient de s'éteindre. Vous les trouvez dans votre foi, et vous avez supporté avec résignation la croix que Dieu vient de vous envoyer.

« Je n'oublierai pas à l'autel celui que vous pleurez. Notre Seigneur aura reçu cette âme avec bonté et miséricorde.

« Veuillez agréer, Madame, l'hommage de mon plus respectueux dévouement en Notre Seigneur.

« L. J. M., card. de BONALD,

« archevêque de Lyon. »

Ce haut témoignage montre assez en quelle estime et quelle affectueuse vénération M. de Pomey, sa famille et particulièrement la bonne Chanoinesse étaient tenus par l'éminent archevêque de Lyon.

Maison de Madame la Chanoinesse Eugénie de Pomey, a Amplepuis

CHAPITRE IX

La Chanoinesse quitte Rochefort et s'installe à Ample-
puis. — Comment elle organise sa maison. — Sa
vie privée. — Sa mortification. — Son esprit de
pauvreté. — Son humilité.

PRÈS la mort de M. de Pomey, son fils aîné
Hippolyte quitta le château des Coteaux, en
Charolais, qu'il habitait depuis son mariage, et
vint se fixer avec sa famille à Rochefort, où l'appelait la
succession de son père et où l'attachaient tant de souvenirs
familiaux. Il avait alors trois filles, dont l'aînée était âgée
de 8 ans ; une quatrième et dernière devait naître en 1855.
Ces quatre nièces de Mme Eugénie, ayant avec elle des
relations beaucoup plus fréquentes que ses autres neveux
et nièces, parce qu'elles habitaient plus près d'elle et avaient
grandi sous ses yeux, eurent toujours pour leur sainte tante,
comme elles l'appelaient, une profonde vénération et une
tendre affection, qui, d'ailleurs, leur était largement rendue.

A l'exemple de son père, dont il reproduisit en tout les
vertus, la piété, le dévouement, M. Hippolyte de Pomey
ne quitta plus Rochefort et il y passa tous les étés. Ayant à

Lyon son domicile pour l'hiver, on le voyait souvent venir à Amplepuis pendant la mauvaise saison et y passer quelques jours, surtout après l'ouverture de la ligne du chemin de fer de Lyon à Roanne, par Tarare et Amplepuis. Il n'avait pas tardé du reste à remplacer son père dans la charge de maire de la commune; il fut installé dans ces fonctions le 25 octobre 1852 et il les garda pendant près de dix ans, jusqu'au 10 mai 1862. Il continua à exercer dans ce pays la bienfaisante influence de ses ancêtres et son souvenir y est resté en vénération. La Chanoinesse trouva en lui un puissant appui et un collaborateur aussi intelligent que zélé dans tout ce qu'elle entreprit pour le bien de la paroisse et des pauvres.

Une profonde affection et une parfaite conformité de vues, de caractère et d'humeur unissaient la Chanoinesse à son frère Hippolyte; plus jeune que lui de quatre ans, Mme Eugénie lui faisait part de ses projets, aimait à prendre ses conseils et ne se départit jamais du respect qu'elle lui devait. Mais le frère subissait très volontiers — et il n'eut jamais à s'en repentir — l'ascendant qu'exerçait sur lui, sans le savoir peut-être, sa bien-aimée sœur; à sa fermeté naturelle elle joignait, nous l'avons dit, une extrême douceur, et, du mélange de ces deux qualités, résultait une force toujours victorieuse. L'union de ces deux âmes, si bien faites pour se comprendre et s'entendre, fut comme la source d'où jaillit sur le pays un véritable fleuve de bienfaits. Il est inutile d'ajouter que toutes les œuvres qui concernaient la paroisse, lorsque l'initiative émanait du maire ou de sa sœur, étaient d'abord proposées à M. le Curé avec la plus parfaite déférence et soumises à son approbation; l'administration ecclésiastique n'eut jamais à se plaindre d'aucune ingérence intempestive, ou à se garantir contre aucun empiètement de la part de ses bienfaiteurs, comme il arrive parfois en de pareilles circonstances.

Peu de temps après que M. Hippolyte de Pomey eût pris possession de Rochefort, la Chanoinesse quitta le château pour aller habiter une maison que la prévoyance de son père lui avait fait préparer presqu'au centre du bourg d'Amplepuis, dans un quartier tranquille et à proximité de l'église. Ce ne fut pas sans un serrement de cœur et sans déchirement que Mme Eugénie abandonna l'antique manoir de ses ancêtres, où elle avait passé toute sa vie; tant de souvenirs se rattachaient pour elle à cette demeure paternelle ! Elle laissait sa classe si aimée, où elle faisait tant de bien; elle se séparait de son frère, dont la présence semblait lui être nécessaire, de sa belle-sœur à laquelle elle avait voué une tendre affection, de ses petites nièces qu'elle aimait comme une mère, de sa chapelle où si souvent elle avait épanché son âme devant son céleste Époux. Habituée qu'elle était à l'air pur des grands bois, aux larges horizons de la campagne, à la vaste enceinte des bâtiments seigneuriaux, elle allait s'enfermer presque seule dans une habitation relativement étroite, au milieu d'une petite ville peuplée d'ouvriers, où devaient bientôt s'élever de nombreuses usines aux cheminées fumantes, et où elle serait certainement obsédée à chaque instant par les solliciteurs, à la portée de qui elle se mettait. C'était renoncer pour toujours au peu de liberté qui lui restait et à une foule d'autres avantages.

Mais de multiples raisons la décidèrent à ce sacrifice et à ce changement radical dans son existence; elle sut s'y soumettre avec l'entrain et le désintéressement dont elle était coutumière. Sans doute, malgré l'étroite union qui régnait entre elle et sa belle-sœur, elle sentit qu'il ne devait y avoir à Rochefort qu'une châtelaine, et l'exquise délicatesse de ses sentiments lui eût fait un scrupule de ne pas laisser à la maîtresse toute la place à laquelle elle avait droit. Elle savait, du reste, qu'en créant ailleurs un nouveau centre de bienfaisance et de charité, celui qu'elle abandonnait ne resterait pas inactif; la nouvelle dame de Rochefort continuerait, dans la mesure que ses autres devoirs lui permettraient, à répandre autour d'elle, avec la même bonne grâce et la même générosité, les bienfaits, les aumônes, les secours de tout genre et le dévouement qui, depuis plusieurs siècles, avaient constamment rayonné de ce foyer de charitable bonté.

Pour ses œuvres à elle, sa nouvelle situation lui offrait de nombreux avantages; elle se trouverait près de l'église paroissiale, où elle pourrait, sans perte de temps, assister chaque jour à la sainte messe et à tous les offices les jours de fête, ce à quoi elle ne manqua jamais; passer de plus longues heures devant le Saint Sacrement, faire devant Lui son oraison quotidienne et de plus fréquentes visites. Elle aurait la facilité, chaque fois qu'elle en éprouverait le besoin ou le désir, de voir son directeur, M. le Curé de la paroisse, sans l'avis duquel elle ne faisait rien; elle pourrait plus facilement et plus rapidement communiquer avec les personnes qui la secondaient dans sa charité, visiter et recevoir plus commodément ses clients, leur procurer plus vite ce dont ils avaient besoin; et enfin elle pourrait se livrer plus à l'aise à ses pratiques de mortification et. de pénitence, son isolement la mettant à l'abri des regards de ses parents et d'un domestique trop nombreux. Ces dernières considérations avaient sans doute, à ses yeux, une valeur décisive et durent alléger, par la satisfaction surnaturelle qu'elles lui donnaient, ce que l'éloignement de Rochefort et de sa famille avait de pénible pour un cœur si aimant. Malgré ce qu'il pouvait en coûter à la nature, elle trouvait léger tout sacrifice d'où résultaient pour son âme des avantages spirituels.

Ce fut au commencement de novembre 1852 que la Chanoinesse prit possession de son domicile à Amplepuis. La maison où elle allait passer le reste de ses jours était commode et vaste pour une seule personne; elle était, à l'extérieur, de fort modeste apparence et rien ne la distinguait d'une maison bourgeoise ordinaire. Elle était précédée d'une cour s'ouvrant par un portail massif sur une rue assez déserte. Derrière l'habitation s'étendait un jardin par où la vue donnait d'abord sur la campagne, et, plus tard, sur la gare du chemin de fer, qui fut construite presqu'en face du jardin.

Mme Eugénie meubla sa demeure avec simplicité; rien n'y sentait le luxe et le confortable moderne; mais tout y était tenu avec la plus grande propreté et le plus grand ordre, deux qualités qui brillèrent toujours d'un vif éclat dans la vie de la Chanoinesse et qui donnaient à sa maison et à sa personne un grand air de dignité et de distinction. Elle y établit un petit oratoire, orné avec le goût parfait qu'elle apportait à tout ce qu'elle faisait, surtout quand la piété l'inspirait; elle aimait à y prier devant les saintes Reliques qu'elle y conservait avec honneur et respect, et dont la plupart étaient des souvenirs de famille ou d'affection; elle eut toujours une grande dévotion envers les reliques des saints.

Elle prit à son service deux domestiques, pauvres filles de la paroisse, qu'elle avait recueillies par charité, Fanchette Valfort, âme candide et simple, et Mariette Chavanne. Celle-ci était l'aînée des enfants d'un petit fabricant d'Amplepuis, mort prématurément; tandis que sa mère s'occupait des soins à donner aux plus jeunes de ses enfants, Mariette eut la direction du commerce jusqu'à la liquidation; elle ne manquait ni d'intelligence ni d'une certaine instruction. L'autre, connue dans la famille de Pomey sous le nom de *Petite Fanchette*, faisait la cuisine et surtout beaucoup de prières; Mariette, désignée sous le nom de *Bonne Mariette*, remplissait les fonctions de femme de chambre et était chargée de répondre pour sa maîtresse aux personnes qui avaient affaire à elle pour les œuvres. Toutes deux s'acquittaient avec conscience et dévouement de leurs emplois; mais l'adresse et les capacités ne répondaient pas toujours à la bonne volonté, et les emplois eurent plus d'une fois à souffrir de la simplicité des titulaires, pour lesquelles les pratiques de dévotion devaient passer avant tout, même les devoirs d'état. Nous verrons avec quelle patience et quelle douceur la bonne et indulgente maîtresse supportait les conséquences de la négligence et de l'inexpérience de ces pauvres filles, qu'elle n'avait pas pris le temps de former suffisamment et que peut-être elle n'avait pas voulu dégrossir davantage afin d'avoir là constamment des occasions de souffrir et de se mortifier.

Pendant vingt-neuf ans la Chanoinesse vécut dans cette maison d'une vie modeste, eu égard à son rang, mais toute pleine de sacrifices, de pénitences, de mortifications, de dévouement et de charité, ignorés du public: Que de mérites elle y acquit par l'exercice continuel de la pauvreté, de l'humilité, de l'obéissance, de toutes les vertus, qu'elle dérobait le plus qu'elle pouvait aux regards profanes, et que Dieu seul connaissait et appréciait. Ce fut un des traits saillants de son caractère de savoir cacher à tous les yeux le plus grand nombre de ses actes de vertu, poussés souvent jusqu'à l'héroïsme; ce qu'on a pu en savoir, souvent par hasard, n'est rien, sans doute, en comparaison de ce que les Anges ont enregistré à son avoir pour le ciel, et c'est pour nous un regret d'en connaître si peu de chose. Sur ce point-là, elle avait pris le soin et la peine de former ses domestiques à la plus absolue discrétion et elles n'y manquèrent jamais. Ce n'est qu'après la mort de leur maîtresse qu'on put avoir quelques détails sur ses pénitences, et encore la plupart ont-ils été oubliés.

Elle était toujours mise avec une extrême simplicité et une irréprochable propreté, ne s'achetant une robe que tous les deux ans, et toujours de nuance noire. Elle avait une robe de satin noir, qui était peut-être un cadeau, et avec laquelle elle assistait honorablement à toutes les fêtes de famille, auxquelles elle apportait toujours la grâce et l'entrain de la plus exquise amabilité, se faisant toute à tous, se prêtant volontiers à toutes les circonstances.

Sa table, quand elle était seule, était des plus frugales, et, souvent, au dire de ses domestiques, elle faisait porter à un pauvre le meilleur plat de son dîner; le soir elle se contentait d'une soupe en hiver, et d'un peu de lait en été. Déjà, lorsqu'elle était toute jeune fille, à Rochefort, on s'était aperçu plusieurs fois qu'elle se privait d'une partie de ses repas pour la porter aux pauvres; mais elle mettait toujours le plus grand soin à faire ignorer ces actes. Non seulement elle ne laissait jamais passer un repas sans y pratiquer quelque mortification, comme son règlement l'y obligeait, mais elle jeûnait et faisait maigre trois fois par semaine, le mercredi, le vendredi et le samedi.

Lorsqu'elle avait à dîner quelque membre de sa famille, elle recevait simplement mais confortablement. Tous les dimanches, pendant l'été, son frère Hippolyte descendait à

Amplepuis avec toute sa famille pour assister à la grand'messe et aux vêpres ; on passait la journée chez « tante Eugénie ». Elle se montrait alors pleine d'attentions délicates et de bonté pour ses nièces, pour son frère et sa belle-sœur, les entourant de prévenances et de soins affectueux : « Je me souviens encore, écrit sa nièce, de cette bonne brioche avec laquelle elle nous régalait quand nous allions déjeûner chez elle après la messe ». Afin de procurer à ses jeunes nièces une occupation et une distraction en rapport avec leurs goûts, et comme elle n'avait que peu de temps à leur donner, elle avait poussé la bienveillance jusqu'à acheter un piano qu'elle mettait à leur disposition lorsqu'elle les recevait.

« Un jour, raconte encore sa nièce, j'ai admiré son humilité ; c'était un mercredi, ma tante nous recevait à dîner, mon père, ma sœur Eugénie et moi ; comme elle ne prenait pas des plats gras, mon père lui en fit la remarque ; et alors ma tante sans se faire trop prier, se servit du rôti, afin de ne pas trahir l'habitude qu'elle avait de faire maigre ce jour-là ». C'est bien là la conduite des saints, qui, par humilité, sacrifient une mortification à l'obéissance et à la charité.

Elle pratiquait pour elle-même la plus stricte économie, évitant toute dépense inutile, se privant de tout ce qui eû été de pur agrément ; mais ici l'avarice n'avait rien à voir. Cette conduite, qui aurait pu paraître un peu étrange chez une personne de sa condition, lui était dictée par son esprit de mortification, par son vœu de pauvreté et aussi par son amour pour les pauvres. Elle considérait la fortune qu'elle avait comme ne lui appartenant pas, mais comme un dépôt que Dieu lui avait confié pour en distribuer les revenus aux pauvres. Quant au capital, elle avait convenu avec ses directeurs — et elle avait reçu leur approbation — qu'il reviendrait après sa mort à sa famille ; elle n'en avait, devant sa conscience, que l'usufruit, et elle avait fait le vœu de n'en rien distraire sans la permission de son directeur ; elle fut jusqu'à sa mort fidèle à cette promesse. Les revenus devaient être employés intégralement en bonnes œuvres, sauf la petite somme dont elle pouvait disposer pour ses besoins personnels, comme on l'a vu précédemment. Ce qu'elle épargnait en se privant de toute superfluité était autant de gagné pour sa charité ; en restreignant au strict nécessaire ses dépenses personnelles, elle accroissait le patrimoine des pauvres, et eux seuls en profitaient. Mais quelle énergie, quel esprit de foi, quel courage ne lui fallut-il pas pour vivre ainsi pauvre et mortifiée au sein de l'aisance et de la richesse ! N'y avait-il pas pour elle un plus grand mérite dans cette pauvreté volontaire que pour ceux qu'elle assistait dans leur misère forcée ?

Toujours par esprit de mortification elle eût volontiers passé les hivers sans feu, et, à Amplepuis les hivers sont longs et rigoureux. Son frère lui envoyait chaque année sa provision de bois de chauffage, avec défense d'en donner aux pauvres. Nous n'oserions garantir que la bonne Chanoinesse, malgré toute la déférence qu'elle avait pour son frère, n'ait pas trouvé quelquefois dans l'ardeur de sa charité, dans l'urgence d'un besoin insolite, des motifs suffisants pour éluder cette défense sans blesser la délicatesse de sa conscience.

Extrêmement bonne pour ses domestiques, elle leur évitait autant que possible la peine et la fatigue. C'est ainsi que son frère les surprit un jour toutes deux se reposant à un travail facile, pendant que la Chanoinesse frottait elle-même le parquet de son salon. Ces deux braves filles trouvaient tout naturel que leur maîtresse leur rendit de tels services. Et d'ailleurs ne poussait-elle pas la condescendance jusqu'à préparer elle-même chaque matin la tasse de café qu'elle portait à sa bonne Mariette encore couchée ?

Continuellement occupée, ne perdant pas un seul instant, comme nous avons déjà dit, elle se délassait de ses courses en travaillant pour les pauvres ; elle exigeait que ses domestiques fissent de même, et elles étaient, avant tout, au service des pauvres. Lorsqu'elle avait besoin d'un homme pour quelque travail pénible, elle employait un de ses voisins, nommé Paturel, qui lui était très dévoué. Cet homme était veuf ; sa femme, morte de bonne heure, lui avait laissé trois petites filles, bien abandonnées. La Chanoinesse les prit à sa charge et les mit en pension chez les Sœurs de Chambilly, en Charolais, où son frère possédait une habitation et elle s'efforça de faire d'elles de bonnes chrétiennes. Elle réussit particulièrement bien pour l'une d'elles, qui lui resta fort attachée. Paturel avait aussi deux jeunes neveux, aveugles ; Mme Eugénie les soignait comme s'ils eussent été ses enfants, les habillait et les peignait même de ses mains.

CHAPITRE X

Ses exercices spirituels. — Sa dévotion au Très Saint-Sacrement et à la Très Sainte Vierge. — Ses retraites annuelles. — Fondation de l'Œuvre de l'Adoration perpétuelle et de l'Archiconfrérie des Enfants de Marie.

L'INSTALLATION de la Chanoinesse à Amplepuis lui permit de donner plus de temps à ses exercices spirituels. Elle faisait presque chaque jour une heure d'oraison devant le Saint-Sacrement, et, les jours où elle avait reçu la sainte Communion, une longue action de grâces. Selon la méthode de plusieurs saints, elle partageait l'intervalle entre deux communions en deux parties, dont l'une était consacrée à l'action de grâces et l'autre à la préparation pour la Communion suivante. Nous avons eu le bonheur de retrouver parmi ses papiers, les actes qu'elle récitait avant et après la Communion et qu'elle avait sans doute composés elle même. Toutes ces prières sont très courtes et respirent la plus grande simplicité ; mais on y sent les accents de la sincérité, de l'humilité la plus profonde et la spontanéité d'une âme qui s'ouvre sans efforts devant Celui à qui elle parle. Voici textuellement ces actes :

ACTE DE FOI AVANT LA COMMUNION

Mon Dieu, je crois que c'est Vous que je vais recevoir en communiant.

ACTE D'HUMILITÉ

Mon Dieu, je ne mérite pas de Vous recevoir, parce que j'ai fait le mal ; mais je ne veux plus le faire et je veux Vous aimer de tout mon cœur.

ACTE D'ADORATION APRÈS LA COMMUNION

Je vous adore, ô mon Jésus, et vous remercie d'avoir bien voulu venir à moi.

ACTE D'OFFRANDE

Je me donne à Vous, ô mon Jésus ! Vous seul pouvez m'empêcher de faire le mal ; faites moi la grâce d'aller au ciel.

Sur la même feuille elle avait écrit les actes de foi, d'espérance, de charité et de contrition, précédés de cette demande : « Mon Dieu faites-moi la grâce de bien comprendre et de bien pratiquer ma religion ».

ACTE DE FOI

Mon Dieu, je crois fermement tout ce que vous nous avez fait connaître.

ACTE D'ESPÉRANCE

Mon Dieu, j'espère que vous me donnerez tout ce qu'il me faudra pour aller au ciel.

ACTE DE CHARITÉ

Mon Dieu, je vous aime de tout mon cœur parce que vous êtes bien bon ; je veux aussi aimer tout le monde et même ceux qui me feraient du mal.

ACTE DE CONTRITION

Mon Dieu, je suis bien fâchée d'avoir fait le mal ; je suis bien dans le dessein de ne plus le faire.

Elle fut toujours extrêmement fidèle au règlement de vie qu'elle s'était donné dans sa jeunesse et que nous avons fait connaître.

Son âme était constamment unie à Dieu ; dans tout ce qu'elle faisait elle ne voyait que Lui, et elle invoquait souvent son secours par de courtes mais ardentes prières, s'offrant à Lui comme victime, renouvelant fréquemment les actes de foi, d'espérance et de charité, ne négligeant aucune occasion de le faire aimer. Elle avait aussi une grande dévotion aux saintes âmes du Purgatoire et elle s'efforçait de les soulager en s'appliquant à gagner en leur faveur le plus d'indulgences qu'elle pouvait. Voici quelques formules de prières qu'elle récitait dans la journée :

« *En prenant de l'eau bénite :* Lavez-moi, Seigneur, de plus en plus de mes taches et de mes moindres souillures ; purifiez mon cœur, sanctifiez mon âme et rendez-la digne de vous.

« Mon Dieu, je m'offre à vous comme une pauvre victime, par les mérites de Notre-Seigneur Jésus-Christ et par les mains de la Très Sainte Vierge.

« Mon Dieu, j'unis mon cœur à tous ceux qui Vous

aiment dans le ciel et sur la terre ; mon esprit à tous ceux qui pensent à Vous ; ma langue à tous ceux qui parlent de Vous, et ma volonté à tous ceux qui font le bien pour l'amour de Vous.

« O Saint-Esprit, qui avez préparé le cœur et l'âme de la Très Sainte Vierge pour recevoir en Elle son divin Fils, daignez aussi préparer mon cœur, puisque c'est le même Jésus-Christ que je vais recevoir.

« O Très Sainte Vierge, ma bonne Mère, en qui, après Dieu, je mets toute ma confiance, obtenez-moi un cœur, pur pour le recevoir, un cœur fidèle pour ne le perdre jamais. O mon Jésus ne soyons qu'un dans l'amour de votre Père et dans l'accomplissement de son adorable volonté !

« O mon Jésus qui êtes mort sur la Croix, pour me racheter, j'unis mes souffrances aux vôtres. Je crois en Vous; j'espère en Vous, je vous aime et désire souffrir et mourir dans votre saint amour. Je veux vous faire de tout mon cœur le sacrifice de ma vie, que je vous offre par les mains de la Très Sainte Vierge Immaculée, ma bonne Mère, et je m'abandonne entièrement à votre sainte volonté jusqu'à mon dernier soupir.

« Seigneur, je remets mon esprit entre vos mains miséricordieuses ; recevez ce sacrifice que je vous fais de ma vie, et que je désire renouveler tous les jours, afin qu'au moment où vous me retirerez de ce monde, je sois prête à paraître devant Vous, détachée de tous les biens terrestres, et en union avec votre adorable Fils, Notre-Seigneur Jésus-Christ, qui vit et règne avec Vous et le Saint-Esprit dans tous les siècles des siècles. Ainsi soit-il !

« Mon Dieu, je me propose aujourd'hui de gagner toutes les indulgences que l'Eglise offre à ses enfants par les mérites de Jésus-Christ, mon Sauveur. Bénissez ma pieuse intention et donnez-moi qu'elles servent pour le soulagement des âmes du Purgatoire et tout spécialement pour mes chers défunts. »

Parmi les dévotions qui lui étaient les plus chères, il faut placer la dévotion au Saint Sacrement de l'autel ; elle aimait à le visiter souvent et elle ne passait jamais devant une église sans y entrer et y prier au moins quelques instants, quand elle en avait la faculté. Elle se fit toujours un devoir d'accompagner chez les malades le Saint Viatique, se mêlant simplement au groupe de fidèles qui avaient alors l'habitude de suivre nombreux le Saint Sacrement, et l'on sentait à sa modestie, à son recueillement, à tout l'ensemble de sa personne, avec quels profonds sentiments de respect et d'amour elle s'honorait de faire cortège au Roi des rois. Lorsqu'à l'Eglise elle priait devant le Saint Sacrement, elle se tenait toujours dans une posture digne et respectueuse, ordinairement à genoux, immobile et les mains jointes, et elle édifiait profondément ceux qui la voyaient. L'ardeur de sa prière et de ses sentiments se peignait sur son visage, où passait parfois comme une flamme d'amour qui l'illuminait et l'embrasait ; un parfum de piété et de sainteté s'exhalait alors de toute sa personne.

Sa dévotion à la Très Sainte Vierge n'était ni moins ardente ni moins tendre ; elle ne manquait jamais de se recommander à elle quand elle commençait une action. Elle eut toute sa vie un grand attrait pour la petite chapelle de Saint-Roch, qu'elle se plaisait à orner et à entretenir, et où souvent on la voyait en prière. Lorsqu'elle allait à Lyon, elle ne manquait jamais de faire le pèlerinage de Notre-Dame de Fourvière, toujours à pied, quelque temps qu'il fît, et presque toujours de grand matin ; elle y passait souvent plusieurs heures. Elle faisait même quelquefois pieds nus le voyage de la place Bellecour, où habitait son frère Hippolyte, jusqu'à Fourvière, et elle usait alors, pour dissimuler cette pénitence, d'un stratagème ingénieux que l'on surprit un jour, à sa grande confusion. Une de ses nièces avait demandé pendant longtemps une grande grâce à Notre-Dame de Fourvière et elle venait de l'obtenir, lorsqu'un matin, entrant dans la chambre où sa tante achevait de s'habiller, elle la vit en train de chausser une paire de souliers sans semelles, pour monter à Fourvière. La Providence permit que l'on découvrit cette pieuse ruse, qui sans doute n'était pas employée pour la première fois, et que l'héroïque Chanoinesse avait su cacher jusqu'alors. Combien d'autres actes semblables sa dévotion ne lui inspirait-elle pas, qui sont restés inconnus aux hommes, mais que Dieu a récompensés !

Pour entretenir la ferveur dans son âme, elle ne manquait jamais de faire chaque année une retraite de quelques jours, dans une maison religieuse où elle trouvait le calme nécessaire et des directeurs éclairés pour sa conscience. Cette pratique, si fortement conseillée par les maîtres de la vie spirituelle, lui apportait avec un repos dont elle avait besoin, un surcroît de grâces, de courage et de force pour la continuation de sa vie de dévouement et de charitable activité. Elle avait l'habitude d'écrire alors un résumé de ses méditations et des instructions qu'elle entendait, et les résolutions qu'elles lui inspiraient. Elle avait eu la précaution de faire disparaître avant sa mort, tous ses papiers intimes ; un seul de ses cahiers de retraite a échappé à la destruction. Son règlement de vie, les feuilles sur lesquelles elle a écrit ses vœux et les formules de ses prières, et quelques lettres sont, avec ce petit cahier, les seuls écrits que nous possédions de la Chanoinesse. Tout en regrettant vivement la perte des autres, nous sommes heureux de pouvoir faire connaître les dispositions de son âme pendant l'une de ses retraites, dont la date n'est pas indiquée. Nous extrayons de son cahier quelques passages où se peint, avec le travail qu'elle apportait à sa perfection, le soin qu'elle mettait à plaire en tout à son divin Epoux par la pratique des vertus religieuses.

« Je dois être portée, écrivait-elle, de bonne volonté et agir avec une intention bien pure et bien droite, dans un esprit de foi ; et, quand j'ai le bonheur de réussir, en rapporter la gloire à Dieu, me tenir dans de bas sentiments de moi-même ; une pensée d'orgueil peut me faire perdre le mérite que je pourrais retirer des grâces que le bon Dieu me fait. Il faut veiller et garder mes sens comme un pasteur son troupeau ; demander à Dieu que, si les forces de l'amour divin ne suffisent pas pour me faire résister au péché, il daigne nous pénétrer de la crainte des peines de l'enfer.

« Je me suis à peu près soumise au profond silence et aux petites privations qu'il était nécessaire de s'imposer dans une retraite. A la suite de la méditation sur l'indifférence pour les créatures, j'ai pris la résolution de ne choisir désormais que celles qui me porteront à Dieu. Sur le péché véniel, j'ai été fortement convaincue de l'horreur que l'on doit en concevoir, puisqu'il offense Dieu et qu'il ternit la beauté de notre âme, à laquelle nous devons tant tenir... J'ai une plus grande confiance en la miséricorde de Dieu, et j'espère obtenir par la prière le recueillement et une crainte filiale de sa divine présence.

« D'après les exemples de résignation, d'humilité, de dévouement, de douceur et de patience que Notre-Seigneur

nous a donnés dans sa passion, je penserai, dans les événements fâcheux, que telle est la volonté de notre bon
Maître ; quoi qu'il arrive pour froisser mon amour-propre,
je veux m'y soumettre. Quel détachement ne devons-nous
pas avoir pour tout ce qui n'a pas de rapport à Dieu ;
supporter les personnes d'un caractère fâcheux avec beaucoup
de douceur ; dans la maladie penser que Notre Seigneur n'a
pas dit un mot pour se plaindre.

« Dans la méditation sur la Résurrection, j'ai remarqué
que Notre Seigneur s'est montré à Marie-Madeleine et aux
saintes femmes en récompense de leur simplicité et de leur
ferveur ; j'ai conçu un grand désir d'être simple et fervente.
Jésus-Christ ressuscité ne meurt plus ; donc je dois avoir
une grande vigilance sur moi-même pour ne pas perdre la
vie de la grâce. Jésus-Christ après sa résurrection ne fait que
des apparitions ; je ne dois paraître dans le monde que
lorsque la charité et la bienséance le demandent... Dieu
ne m'a donné la vie que pour mériter le ciel ; je veux faire
désormais tout ce qui me sera possible pour obtenir ce
bonheur infini ; bien faire mes prières, pratiquer la pureté
dans mes intentions, le recueillement et une crainte filiale
de la divine présence ; veiller sur tous mes sens et sur toutes
mes pensées ; grande méfiance de moi-même, grande
confiance en Dieu, en ma bonne Mère et en mon bon Ange ;
grande exactitude à remplir mes exercices de piété autant
que je les sentirai être voulus par Dieu. Si j'ai le malheur
de me négliger, vite appeler au secours la Très Sainte Vierge
Marie et vite m'y remettre après avoir déploré ma négligence avec ma bonne Mère, aux pieds de Notre Seigneur.

« Ne vouloir que le bon plaisir de Dieu ; quand il arrivera
une contrariété, du moment qu'on reconnaîtra que c'est la
volonté de Dieu, il faut la prendre avec une parfaite sou-

mission. En tout je dois agir par esprit de foi et non par un sentiment de respect humain ; si j'éprouve du goût et des consolations dans la pratique de mes devoirs, je ne dois y tenir qu'avec humilité, me reconnaissant trop faible pour pouvoir m'en passer, mais ne m'y attacher qu'autant de temps qu'il me sera nécessaire pour pouvoir persévérer ; mais il faut de plus en plus faire des efforts pour me détacher de la satisfaction propre. Il faut un grand détachement de cœur, si nous voulons être tout à Dieu et répondre à la perfection à laquelle il nous appelle. En toutes choses tant intérieures qu'extérieures je ne dois tenir qu'à accomplir la volonté de Dieu. »

On voit par ces quelques citations combien la Chanoinesse s'appliquait à mener une vie toute surnaturelle et à purifier ses intentions : « Appelée, écrit-elle, à la voie des conseils, je dois tendre constamment à une plus grande perfection, vider mon cœur de toute attache aux créatures et correspondre à toutes les grâces que je reçois. »

C'est dans de telles dispositions qu'elle s'occupait des œuvres auxquelles elle a consacré sa vie. Elle semblait s'absorber dans les occupations extérieures, et, en réalité, une seule préoccupation inspirait et dirigeait tous ses actes : faire la volonté de Dieu. C'est ainsi que cette âme s'est sanctifiée et qu'elle a attiré sur toutes ses entreprises la bénédiction du ciel et les succès qui, bien souvent, ont dépassé les moyens dont elle disposait.

Son ardent amour pour le Saint Sacrement de l'autel et pour la Très Sainte Vierge lui inspira la fondation de deux œuvres destinées à promouvoir dans la paroisse ces deux précieuses dévotions : l'Adoration perpétuelle du Très Saint Sacrement et l'Archiconfrérie des Enfants de Marie.

C'est en 1855 qu'elle eut la pensée de faire établir à

Amplepuis l'Œuvre de l'Adoration perpétuelle. Après en avoir longuement étudié le projet avec M. le Curé, elle s'entendit avec Mme Tholin et M. Adolphe de la Goutte, tous deux fervents adorateurs de la Sainte Eucharistie. Mme Tholin était en relation avec le R. P. Hermann, juif converti, qui était entré dans l'Ordre des Carmes déchaussés et dont la renommée était alors très grande, à cause surtout du culte ardent qu'il avait voué au Saint Sacrement. Elle fut priée d'inviter le religieux à venir à Amplepuis pour y installer l'Adoration perpétuelle. Le Révérend Père fut heureux de répondre à cette invitation et il vint, en effet, inaugurer cette Œuvre chère à son cœur. On offrit tout naturellement la présidence à la Chanoinesse ; mais elle refusa obstinément et fit nommer à ces fonctions Mme Tholin. A partir de ce moment elle montra toujours l'exactitude la plus exemplaire à faire chaque semaine son heure d'adoration publique devant le Saint Sacrement et à assister régulièrement à toutes les réunions des membres de la Confrérie.

Deux ou trois ans plus tard elle voulut que les enfants ne fussent pas privés des grâces et des avantages spirituels attachés à cette association et elle fit établir la *Petite Adoration perpétuelle*, destinée exclusivement aux enfants. Ceux-ci furent recrutés par ses soins en grand nombre et organisés en une sorte de congrégation, avec réunions mensuelles, où on leur adressait des exhortations pieuses ; chacun des associés passait, le jeudi, une demi-heure devant le Saint-Sacrement, à la grande édification de la paroisse. Cette double œuvre de l'Adoration perpétuelle produisit un grand bien, accrut la dévotion des fidèles envers la Sainte Eucharistie et envers la sainte Communion et attira certainement de nombreuses grâces dans les âmes.

Ce fut aussi sur l'initiative de la pieuse Chanoinesse que fut établie à Amplepuis l'Archiconfrérie des Enfants de Marie, pour les jeunes filles, à l'instar de l'Archiconfrérie de Notre-Dame des Victoires à Paris; M. l'abbé Périer fut chargé de l'organisation et de la direction de cette Œuvre. Tous les dimanches, au soir, un exercice public spécial réunit à l'Eglise tous les membres de l'Archiconfrérie, qui furent bientôt très nombreux. Les fidèles de la paroisse se firent un devoir d'assister en très grand nombre à ce pieux exercice et la dévotion à la Très Sainte Vierge en reçut un puissant accroissement. Ces Œuvres, on le comprend, exercèrent une influence considérable sur la population et entretiennent encore aujourd'hui la piété, la ferveur, le goût de la sainte Communion et le culte de la Très Sainte Vierge. Elles sont un préservatif très efficace contre les dangers que courent si souvent les jeunes filles livrées à la merci des mauvais exemples et des funestes entraînements. Si elles furent, dès le début, très prospères, grâce au zèle et à l'influence de la Chanoinesse de Pomey, nous devons remercier le bon Dieu qui les a visiblement bénies et les a maintenues, grâce sans doute aux prières de la fondatrice dans le ciel, jusqu'à ce jour merveilleusement florissantes.

CHAPITRE XI

*Son zèle pour l'instruction des enfants et des vieillards.
— Sa charité envers les malades. — Comment elle
s'occupait des pauvres. — Son zèle pour la conversion des pécheurs. — Conversion et mort édifiante
de Thimonnier, l'inventeur de la machine à coudre.*

PENDANT les premiers temps de son installation à
Amplepuis, Mme Eugénie ne faisait pas la classe aux
enfants; mais son zèle pour l'instruction religieuse
la porta à enseigner à domicile le catéchisme aux infirmes, aux
malades, aux vieillards; on peut dire qu'elle avait la passion
du catéchisme, forme excellente de la charité. Puis elle fit venir
chez elle les enfants les plus ignorants et les plus inca-
pables, que le défaut d'instruction religieuse empêchait
d'admettre à la première communion. Et alors, avec une
patience admirable et un savoir-faire que rien ne rebutait,
elle les instruisait elle-même et ne cessait auprès d'eux
cet ingrat et fatigant ministère que lorsqu'elle les avait
mis en état de recevoir le divin sacrement. Quelle persévérance et quelle ténacité ne lui fallait-il pas pour obtenir
ce résultat! Quels efforts ne devait-elle pas faire sur elle-

même pour mener à bien cette tâche ingrate, étant donné surtout l'intelligence si vive et primesautière de la catéchiste! Et par quelles prières ferventes ne devait-elle pas solliciter et obtenir de Dieu l'ouverture de ces esprits fermés.

Dans le but de favoriser l'instruction des enfants des écoles, elle donnait à dîner chaque jour, pendant l'hiver, à quelques petits garçons de la campagne, auxquels l'éloignement de leur domicile n'aurait pas permis d'assister aux classes du matin et du soir. Elle faisait coucher aussi chez elle quelques petites filles, qui, durant la mauvaise saison, n'auraient pu, pour la même raison, rentrer chaque soir chez leurs parents; elle les nourrissait et leur prodiguait tous les soins qu'elles auraient trouvés dans leurs familles.

Attentive à tous les besoins, nul n'échappait à sa charité toujours vigilante. Elle connaissait toutes les familles et les visitait souvent, les pauvres pour les secourir, les riches pour les intéresser à ses œuvres. Elle entretenait avec toutes les personnes aisées des relations affectueuses et bienveillantes. Son amabilité, son zèle, sa foi obtenaient d'abondantes ressources. Elle était, sans aucune comparaison, la personnalité la plus connue, la plus populaire d'Amplepuis; tous la vénéraient et l'aimaient parce qu'elle portait partout avec elle la séduction de la vertu.

D'une taille presqu'au-dessous de la moyenne, mais bien prise et robuste, d'un courage indomptable, on la rencontrait par tous les temps, soit dans la ville, soit dans la campagne, marchant d'un pas alerte et dégagé, la tête habituellement modestement baissée, sans affectation, mais portant sur toute sa personne la distinction native de sa race. Sa physionomie large et ouverte, son regard franc et loyal, la bienveillance peinte sur ses traits, son sourire éclairé par la bonté, la douceur de sa parole toujours calme et réfléchie, tout en elle commandait la sympathie et le respect. Elle ne s'arrêtait guère que là où la charité l'appelait, mais elle répondait avec affabilité à tous ceux qui s'adressaient à elle, même aux importuns, interrogeant avec bienveillance les enfants et les pauvres sur ce qui les intéressait.

Quand il s'agissait de rendre service, rien ne l'arrêtait, ni le froid, ni la pluie, ni la neige, ni les affaires; par tous les temps elle conservait la même allure rapide et vive. Un jour qu'elle marchait assez péniblement dans une rue fort boueuse, un ami de sa famille entendit un homme du peuple s'écrier : « Devrions nous laisser cette femme piétiner dans la boue ? Nous devrions la porter. »

Habituellement brève dans ses visites de pure bienséance, sans jamais se montrer pressée, elle qui l'était toujours, elle donnait à ses pauvres et à ses malades tout le temps qu'exigeaient les services à leur rendre. On ne la vit jamais donner une marque d'impatience, tant elle exerçait d'empire sur elle-même. Jamais elle ne parlait défavorablement de personne, cherchant toujours à justifier son prochain ou à excuser les fautes ou les défauts; elle avait horreur des cancans et des petits tripotages si fréquents dans la société bourgeoise des petites villes, et elle n'y prenait jamais part. Elle ne parlait guère des autres que pour exciter la compassion envers ceux qui souffraient et chercher les moyens de leur être utile.

Chaque jour sa porte était assiégée par les indigents et les solliciteurs; elle leur distribuait elle-même ou leur faisait distribuer des aliments, des vêtements et mille objets de toute sorte, soit en nature, soit en bons pour les fournisseurs; elle avait pour tous des paroles de consolation et

d'encouragement. Mais elle entendait exercer la charité
avec intelligence et elle ne se contentait pas de donner des
secours sur les rapports plus ou moins exacts qu'on lui
faisait des besoins; elle n'aimait pas à être trompée;
elle savait que parfois des familles relativement à l'aise
simulent la misère pour obtenir des dons qui seraient beaucoup mieux placés ailleurs. Pour prévenir ces abus, elle
avait l'habitude de se rendre compte par elle-même des
ressources de ceux qu'elle assistait; elle faisait ouvrir devant
elle les armoires et les buffets, ce qui lui attira parfois
quelques désagréments de la part de faux indigents qui
comptaient sur sa crédulité. De quelle patience, de quel
tact, de quelle charité n'eut-elle pas besoin pour rester toujours bonne et impartiale envers cette population ouvrière,
chrétienne, sans doute, mais souvent susceptible et exi-
geante! Et que de fois elle fut payée d'ingratitude! Mais
quand il s'agissait de remplir un devoir de charité, rien ne
la rebutait, ni la froideur, ni les reproches, ni les mauvais
procédés qu'elle eut plus d'une fois à endurer. Cherchant
à imiter en tout le divin Modèle qu'elle avait sans cesse
devant les yeux, n'attendant aucune récompense ici-bas,
elle se réjouissait d'avoir à souffrir quelque chose dans son
amour-propre, et elle cherchait ailleurs que dans la reconnaissance des hommes les consolations dont elle avait
besoin.

On a conservé quelques traits des grossièretés et des
indélicatesses qui mettaient de temps en temps sa patience
et son humilité à l'épreuve. « Un jour — raconte sa nièce,
témoin de ces deux faits — qu'elle avait donné à une femme
la moitié d'un pain, celle-ci le jeta dans la cour en présence
de ma tante, trouvant cette aumône trop minime. Le
même jour une autre femme lui rapporta du velours qu'elle,

lui avait donné, en disant que son mari ne trouvait pas la qualité suffisamment bonne. » Que de fois, sans doute, elle eut à supporter de pareilles avanies!

Parfois aussi elle trouvait des cœurs reconnaissants; elle accueillait avec simplicité et humilité l'expression de la gratitude qu'on lui témoignait et elle se servait de l'influence qu'elle avait sur ces bonnes âmes pour les exciter à aimer le bon Dieu, à être fidèles à tous leurs devoirs. Rencontrant un jour une de ses anciennes élèves devenue mère de famille et qu'elle n'avait pas vue depuis longtemps, celle-ci lui présenta ses enfants. La Chanoinesse la voyant tout émue, lui demanda ce qu'elle avait : « Ah ! Madame, lui fut-il répondu, le bonheur de vous revoir! Mon cœur fait tapage. »

Mais quelle que fût la conduite à son égard des personnes qu'elle obligeait, elle se montrait toujours également douce, également dévouée et empressée à les secourir dans leurs besoins.

Si elle avait pour les misères du corps des soins si charitables, que dire de ceux qu'elle prodiguait pour faire du bien aux âmes et pour les sauver? Alors rien ne lui coûtait : « Je vais à leurs cœurs, disait-elle, par le chemin de l'estomac. » Il fallait la voir au chevet des malades et des moribonds; elle s'emparait pour ainsi dire de ces âmes pour les présenter à Jésus-Christ. Elle aimait à préparer elle-même les malades à la visite du prêtre et à la réception des derniers sacrements; presque toujours, et autant qu'elle le pouvait, elle les assistait à leurs derniers moments, lisant les prières de la recommandation de l'âme, leur parlant du ciel, de la miséricorde divine, de la bonté de Dieu, trouvant dans sa foi et dans sa charité des paroles d'encouragement et d'espérance qui allaient à leur cœur et leur faisaient accepter avec soumission et avec joie le sacrifice de leur vie.

Sa piété et sa tendresse, en ces circonstances, produisaient sur les assistants une profonde impression. « Je me souviens, disait son frère Hippolyte, d'avoir entendu un voltairien du siècle passé, qui avait vu ma sœur au chevet d'une parente qui lui était bien chère, pendant plusieurs jours, lui dire en partant : Mademoiselle, vous m'avez appris à aimer la vertu. Peu d'années après il se convertit et certainement le souvenir de cette charité héroïque ne fut pas sans influence sur lui. » Après leur décès, elle pourvoyait à leur ensevelissement et à leurs funérailles ; puis elle s'occupait des veuves et des orphelins qu'elle plaçait dans des maisons charitables ou qu'elle faisait élever jusqu'à ce qu'ils fussent capables de gagner honnêtement leur vie. Combien de pauvres enfants fussent restés, sans elle, abandonnés et exposés à toutes les misères de l'âme et du corps, si la bonne Chanoinesse ne leur eût servi de mère.

Son zèle à l'égard des pécheurs s'exerçait principalement par la prière. Quand elle savait qu'un indifférent ou un sceptique ne pratiquait pas ses devoirs religieux, elle ne cessait de prier et de faire prier pour lui, elle le recommandait aux prières des personnes pieuses, des enfants de l'Archiconfrérie. Souvent aussi, avec le tact et la discrétion qu'elle apportait à toutes ses entreprises, elle saisissait quelqu'occasion de l'aborder, de lui parler, et plus d'une fois elle eut le bonheur d'en ramener à Dieu.

Elle obtint par ce moyen, en 1857, une conversion qui impressionna vivement toute la paroisse ; il s'agissait d'un homme dont la renommée s'est répandue dans le monde entier.

Le premier inventeur de la machine à coudre, Thimonnier, habitait Amplepuis. Né à l'Arbresle en 1793, il était venu s'établir dans la paroisse d'Amplepuis, où il se maria en 1813. Abandonné à lui-même dès sa jeunesse, il s'était imbu des doctrines voltairiennes et avait vécu en dehors de tout principe chrétien, sans jamais se préoccuper de la pratique d'une religion quelconque. Modeste ouvrier, père d'une assez nombreuse famille, il gagnait sa vie à faire des navettes et des métiers à tisser. Il menait une existence tranquille et honnête au point de vue naturel ; il avait apporté de nombreux perfectionnements à l'outillage des tisserands. Tourmenté par le génie de l'invention, il occupait ses loisirs à construire des mécanismes nouveaux ; son attention s'étant portée sur la couture, métier qu'il avait pratiqué autrefois, il chercha à remplacer par une machine la main de la couturière. Il y réussit, et il prit en 1830 son premier brevet d'invention pour sa machine à coudre.

Mais le pauvre inventeur n'en retira aucun avantage ; en vain s'efforça-t-il, malgré sa misère, de perfectionner sa machine, elle resta dédaignée et inconnue. Vingt-cinq ans plus tard, des machines à coudre américaines beaucoup plus perfectionnées se répandirent dans le monde entier et firent oublier le premier inventeur, auquel on ne rendit qu'après sa mort la justice qu'on lui devait. Thimonnier était donc resté pauvre et gagnait péniblement sa vie à son métier de tourneur et de mécanicien. Il habitait une maison qui n'était séparée que par la largeur de la rue de celle de Mᵐᵉ de Pomey.

La charitable Chanoinesse visitait quelquefois son voisin ; celui-ci, très doux et bienveillant, accueillait volontiers la visiteuse, mais résistait aux avances qu'elle lui faisait relativement à la religion. Mᵐᵉ Eugénie ne se décourageait pas ; elle priait et avait la ferme confiance qu'un jour cette pauvre âme reviendrait au Dieu qu'elle avait si longtemps méconnu. Elle eut l'idée de lui faire passer les *Annales de la Propagation de la Foi* comme une lecture intéressante. Thimonnier les lut, en effet, assidûment et avec plaisir ; il s'intéressait vivement à la vie accidentée, pénible et aventureuse des missionnaires, et se prenait d'enthousiasme pour eux et leurs travaux. Ce fut le moyen dont le bon Dieu se servit pour le sauver.

Étant tombé malade dans le courant de l'été de 1857 — il avait alors 64 ans — la Chanoinesse redoubla de prières auprès de Dieu et d'instances auprès du malade ; mais le pécheur résistait toujours. Un jour, cependant, après avoir lu le récit des travaux apostoliques de Mgr Bataillon dans les îles Wallis, il dit à Mᵐᵉ de Pomey : « Si jamais je me confessais, je ne me confesserais qu'à cet évêque. » La bonne Chanoinesse vit dans cette parole un nouveau refus et se retira navrée, car la maladie faisait des progrès et le terme fatal approchait. Il lui semblait absolument impossible qu'une telle éventualité se réalisât. Elle fit prier de plus en plus et conjura la Très Sainte Vierge d'avoir pitié de cette âme.

La divine Providence, pourtant, avait miséricordieusement résolu le salut éternel de cette âme ; Mgr Bataillon était en France, et un jour, la Chanoinesse en rentrant chez elle apprend, ô surprise, que l'évêque missionnaire est attendu ce jour-là même à Amplepuis, où il avait l'intention de s'arrêter quelques instants en passant. A peine a-t-on annoncé son arrivée, qu'elle court à la cure, où l'évêque était descendu, se jette à ses pieds en pleurant, le met rapidement au courant de la situation de son protégé, du désir qu'il a exprimé et le conjure de sauver cette âme. Le bon évêque qui avait converti tant de païens, ne se fit pas prier longtemps ; il se rendit sur-le-champ auprès du malade, qui, prévenu, mais profondément saisi, le reçut comme un envoyé du ciel. Mgr Bataillon entretint quelques instants le malade, puis il entendit sa confession et lui administra lui-même dans cette journée les sacrements de la Pénitence, de la Confirmation qu'il n'avait jamais reçue, et de l'Extrême Onction.

On s'imagine sans peine la joie, l'émotion et la reconnaissance de la Chanoinesse en présence de cette action si visible et si touchante de l'infinie miséricorde de Dieu. L'évêque, la Chanoinesse et le malade ne pouvaient assez admirer et remercier la divine Providence qui avait tout disposé d'une façon si merveilleuse et si inattendue pour le retour au bercail de Jésus-Christ de cet enfant prodigue. Quelles actions de grâces ne rendirent-ils pas à Notre Seigneur pour une si éclatante et si miraculeuse conversion !

Quelques jours plus tard, le 5 août, Thimonnier rendait le dernier soupir, assisté par sa bienfaitrice et dans les sentiments de la foi la plus vive et de la plus sincère reconnaissance envers Dieu, d'abord, puis envers celle à qui il devait, après le bon Dieu, la grâce de son salut éternel.

La paroisse d'Amplepuis, témoin de cet événement, en fut profondément édifiée ; le nom de Mme de Pomey devint plus populaire encore et s'entoura d'une nouvelle auréole de vénération et de respect ; car tous attribuèrent à ses vertus et à ses prières l'heureuse issue de ses longs et charitables efforts.

CHAPITRE XII

*Reconstruction de l'École des Sœurs. — L'Hôpital. —
La Providence des vieillards; généreux dévouement
de la Chanoinesse. — Sa charité envers les missionnaires. — Sa tendre affection pour sa famille.*

Dans le cours de la même année 1857, Mme la Chanoinesse avait eu la douleur de perdre sa sœur
Octavie, religieuse ursuline à Lyon ; les deux
sœurs s'aimaient beaucoup et la Chanoinesse éprouva un
profond chagrin ; mais, comme toujours, elle offrit généreusement à Dieu le sacrifice qu'Il lui demandait et se consola
par la pensée de la vie édifiante que la chère défunte avait
menée dans le cloître et de la sainte mort qu'elle y avait faite.

Ce fut aussi pendant l'année 1857 qu'elle s'occupa de la
reconstruction de l'école des Sœurs et de l'hôpital d'Amplepuis, deux de ses principales œuvres. Les Sœurs de
Saint-Charles étaient établies sur la paroisse d'Amplepuis
depuis 1819 ; elles avaient ouvert une école de filles sous
la protection de M. le curé Terraillon et du maire, qui
était, à cette époque, M. Jean de Pomey, père de la Chanoinesse. Cette école ne pouvait manquer de prospérer ;

mais, à mesure que la population s'accroissait, le local pri-
mitif devenait insuffisant ; une usine de soierie venait de se
construire en 1856 ; il y avait à Amplepuis environ deux
mille ouvriers et ouvrières pour la soierie, la mousseline, etc. ;
on prévoyait, à bref délai, l'installation de plusieurs autres
usines et un nouvel accroissement de la population. Il
devenait urgent de pourvoir plus largement à l'éducation
des jeunes filles, comme on l'avait fait pour les garçons.
Nous savons combien Mme Eugénie avait à cœur cette
œuvre de l'instruction des enfants ; aussi fut-elle la plus
zélée promotrice de la reconstruction de l'école.

Tout à côté de l'école, un hôpital fondé aussi en 1819,
par M. Terraillon, était desservi par les mêmes Sœurs de
Saint-Charles ; cet hôpital réclamait également des améliorations importantes et un agrandissement en rapport avec
les besoins croissants. Cet hôpital n'avait ni un jardin ni
une cour où les malades et les convalescents pussent prendre
l'air et l'exercice nécessaires ; la Chanoinesse, qui visitait
souvent l'hôpital, invitait ceux des malades qui pouvaient
sortir à venir chez elle : Venez chez moi, leur disait-elle,
vous achèverez de vous guérir et vous trouverez le bon air
dans mon jardin. On peut penser que les pauvres malades
s'empressaient de répondre à une telle invitation ; la maison de Mme de Pomey devenait ainsi une véritable succur-
sale de l'hôpital, où les convalescents recevaient tous les
soins de la plus exquise charité. Il est vrai qu'avant sa
reconstruction, l'hôpital ne possédait que huit lits. Il était
donc d'autant plus nécessaire de procéder à sa transformation.

Mais, après les sacrifices qu'on s'était imposés pour
l'école des Frères et les autres œuvres charitables, on se
demandait où et comment on trouverait des ressources
suffisantes et un local convenable pour les nouvelles écoles

et le nouvel hôpital. Depuis longtemps cette pensée préoccupait la Chanoinesse; elle priait et implorait avec instance les lumières du Saint-Esprit pour résoudre cette difficile question. Elle en conférait souvent, soit avec M. le Curé de la paroisse, soit avec son frère, maire de la commune. C'était surtout le matin, après la messe à laquelle elle avait assisté, que la Chanoinesse aimait à entretenir de ses projets M. le Curé, dans la petite sacristie qui s'ouvrait autrefois au nord de l'église, dans la partie droite du chœur. Que de confidences intimes entre ces deux âmes, que de projets en faveur des pauvres et des malades, que de délibérations où présidait la charité a entendus pendant plus de trente ans cette modeste sacristie!

Après de longues réflexions, de nombreuses prières et de mûres délibérations, un projet fut enfin arrêté entre la Chanoinesse, M. le Curé et le maire; eux seuls en avaient connaissance, afin de prévenir toute entrave. Une vaste maison située à proximité de l'école des Sœurs et de l'hôpital, précédée d'une grande cour et accompagnée d'un jardin spacieux paraissait merveilleusement appropriée à l'œuvre désirée. Elle appartenait à Mme veuve Buisson qui, depuis plusieurs années, habitait Paris avec son fils unique; la propriétaire avait à maintes reprises manifesté l'intention de vendre cette maison si elle en trouvait un prix convenable. La Chanoinesse, après avoir longuement pesé devant Dieu son dessein, se décida à acheter cette maison et ses dépendances, convaincue que la population d'Amplepuis ratifierait son audace et que la commune, en présence des avantages qu'offrait cette acquisition, se rendrait propriétaire des immeubles et les adapterait à leur nouvelle destination.

Une fois sa résolution prise la Chanoinesse ne perdit pas une minute; elle prit à peine le temps de faire les préparatifs indispensables et partit pour Paris, sans que personne, sauf ses deux confidents, se doutât du motif de son voyage. Elle offrit à Mme Buisson trente mille francs de sa propriété, et bien que ce prix fût notablement inférieur à celui que la propriétaire demandait, elle céda aux instances et à la chaude éloquence de la Chanoinesse. Celle-ci revint avec l'acte de vente dans sa poche, signé et daté du jour de la Nativité de la Très Sainte Vierge, 8 septembre 1857.

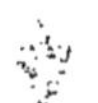

Un cri d'étonnement et de reconnaissante admiration s'échappa de toutes les lèvres lorsqu'on sut dans le public la démarche si noblement généreuse de la Chanoinesse et son succès. On comprit alors, ceux du moins qui ne la connaissaient pas assez, toute l'étendue de son dévouement, l'énergie de sa foi, la grandeur de son caractère et l'amour que la charité lui inspirait pour son pays.

L'administration de la commune ouvrit immédiatement une souscription pour se rendre acquéreur des immeubles achetés par la Chanoinesse et en devint propriétaire en 1859. Mme Eugénie, afin de pouvoir contribuer largement à l'œuvre qu'elle avait si vaillamment provoquée, dut vendre quelques petits domaines qu'elle possédait ; elle obtint de son frère, comme elle l'avait fait de leur père, que les forêts de Rochefort fourniraient gratuitement tous les bois nécessaires, et l'on se mit à l'œuvre sans tarder. On transforma la maison et l'on ajouta des constructions assez vastes pour de grandes écoles et un pensionnat, un hôpital suffisant, une Providence pour les vieillards, le logement des Sœurs et une chapelle commune à ces divers services.

L'un des vicaires, M. l'abbé Terrat, fut chargé de la direction des travaux et il s'acquitta de cet emploi avec autant d'intelligence que de dévouement. Et bientôt, grâce à sa noble Chanoinesse, Amplepuis put s'enorgueillir de posséder une grande et belle maison d'école pour les filles, un hôpital parfaitement organisé, pouvant contenir 16 lits, en deux salles séparées pour les hommes et pour les femmes, avec un vaste jardin, et où les malades trouvaient tous les soins de l'âme et du corps sous la direction des bonnes religieuses qui, depuis quarante ans, avaient si péniblement pourvu à l'éducation des enfants et aux besoins des hospitalisés. Un bâtiment spécial fut aussi destiné à la Providence ou hospice pour les vieillards des deux sexes, œuvre récente dont les commencements avaient été bien humbles et méritent d'être rappelés.

Pendant l'hiver de 1852, une bonne fille nommée Françoise Coste, après avoir soigné pendant de longues années son vieux père infirme et malade, vint à le perdre. Habituée qu'elle était à consacrer son temps et ses soins à son père, poussée d'ailleurs par la charité dont elle était animée, il lui sembla qu'elle ne pourrait plus vivre sans avoir quelqu'un à soigner et elle résolut de consacrer à quelques vieillards infirmes et abandonnés, non pas sa fortune, car elle était pauvre, mais sa personne et son travail. Elle recueillit donc chez elle une pauvre femme sourde, aveugle et boiteuse, et elle la nourrissait en lui prodiguant ses soins. Quelques mois plus tard, pendant l'été de la même année, une pauvre veuve tomba malade et devint incapable de se suffire. Françoise, émue de pitié, mais ne pouvant, par ses seules ressources, pourvoir aux besoins de deux personnes, fit appel à la charité de quelques âmes pieuses, et grâce à leur aide, elle put offrir un asile à sa nouvelle protégée. La bonne Chanoinesse, informée de ces faits, avait soutenu de sa bourse, de ses conseils et de ses encouragements le dévouement de Françoise Coste.

Puis M. Dutour, curé de la paroisse, avec le concours de Mme Eugénie, installa dans un local plus commode les deux infirmes et leur garde-malade ; la Providence d'Amplepuis était fondée. En moins d'un an, on put y recevoir cinq vieillards et l'on eût une salle pour les femmes et une pour les hommes. L'année suivante, en 1853, on fut obligé de louer une maison plus spacieuse où l'on installa huit ou dix vieillards. Françoise Coste ne pouvant plus suffire à soigner seule tout ce monde, on lui adjoignit comme directrice, une compagne dans la personne de Jeannette Ponteille, qui conserva ces fonctions jusqu'en 1878. Ces deux admirables filles eurent à subir bien des contradictions et des ennuis ; mais elles furent toujours soutenues et énergiquement défendues par Mme de Pomey, qui comprenait l'importance de cette œuvre. La Providence possède aujourd'hui 24 lits, 12 pour les hommes et autant pour les femmes ; les vieillards sont logés actuellement dans les appartements de l'ancienne maison Buisson, antérieurement occupée par les Sœurs.

Les plans du bâtiment avaient prévu la construction d'une chapelle destinée au pensionnat des jeunes filles et aux malades de l'hôpital ; on dut, faute d'argent, en ajourner l'exécution et l'on continua à se servir de l'ancienne chapelle des Sœurs, beaucoup trop petite et située trop loin des nouveaux bâtiments. Nous verrons bientôt quelle part importante la Chanoinesse prit plus tard à la construction de la nouvelle chapelle.

Les bâtiments de l'école et de l'hôpital venaient à peine d'être achevés lorsque M. Hippolyte de Pomey résigna ses fonctions de maire de la commune d'Amplepuis. Désormais la Chanoinesse exerça moins d'influence sur les œuvres dépendant de l'administration civile ; mais elle donna plus d'extension encore à sa charité privée, tout en conservant la direction morale des institutions qu'elle avait patronnées. La sûreté de son jugement, la sagesse de ses conseils, la longue expérience qu'elle avait acquise dans le maniement des affaires et dans la conduite des œuvres rendaient son concours souvent indispensable, et elle se prêta toujours avec la même bonne grâce et le même dévouement à tout ce qu'on lui demanda. M. de Pomey continua, de son côté, à s'occuper avec zèle et discrétion de toutes les œuvres charitables auxquelles il avait donné son appui officiel pendant dix ans, de les encourager et de les soutenir avec sa sœur, par d'abondantes aumônes et par un concours efficace qui ne se démentit jamais jusqu'à sa mort.

La charité de la Chanoinesse ne se bornait pas à sa paroisse. Parmi les œuvres générales auxquelles elle s'intéressa toute sa vie, on doit citer en première ligne la Propagation de la Foi, dont elle fut une ardente zélatrice. Elle était connue d'un grand nombre de missionnaires et plusieurs s'adressaient directement à elle pour les besoins de leurs missions. Un neveu du Directeur de l'école des Frères, M. Chouzy, qui avait fait ses études primaires à Amplepuis et que l'on regardait comme un enfant de la paroisse, bien qu'il fût né à Panissières (Loire), où il avait été de bonne heure orphelin, alla terminer ses études de théologie au Séminaire des Missions étrangères à Paris. Ayant été envoyé en Chine, il y exerça pendant de longues années le ministère apostolique, au milieu de grandes difficultés, et fut plusieurs fois en butte à la persécution. Il fut enfin nommé évêque et préfet apostolique du Kuang-Si, le 21 août 1891, et mourut en 1899. Tant que Mme Eugénie vécut, elle fut pour lui une véritable providence, lui faisant de fréquents envois de vêtements, de provisions de toute sorte, aimant à se recommander à ses prières et à recevoir de ses lettres, où le vaillant apôtre la tenait au courant de ses luttes, de ses travaux, de ses misères, de ses besoins, de ses succès et lui témoignait la plus grande vénération et la plus vive reconnaissance.

Un autre missionnaire originaire d'Amplepuis, sorti lui aussi, plus tard, de l'école cléricale de la paroisse, M. Etienne Dessalles, actuellement encore à Siam, fut bien souvent l'objet de la sollicitude et du dévouement de la bonne Chanoinesse et reçut d'elle de nombreux bienfaits. Comme elle avait le soin de cacher le plus qu'elle pouvait le bien qu'elle faisait, nous regrettons de ne pas connaître en détail les largesses qu'elle a distribuées, soit à l'œuvre des Missions, soit à un grand nombre de missionnaires personnellement.

Malgré les soucis et le travail incessant que lui donnaient tant d'entreprises charitables, et l'exercice continuel d'un zèle sans repos, elle entretenait une correspondance assez active avec les membres de sa famille, spécialement avec ses nièces ; elle voulait être tenue au courant de tout ce qui les intéressait ; elle prenait une large part à leurs joies, à leurs douleurs, à leurs préoccupations, à tous les événements qui les concernaient. Ainsi, en 1860, la seconde des filles de son frère Hippolyte ayant été malade, elle s'informait avec une tendre sollicitude de sa santé ; elle écrivait à la sœur aînée de la malade, le 2 avril :

« Ma chère Adèle, je reçois à l'instant ta lettre ; c'est avec la plus grande peine que j'ai appris les inquiétudes que vous aviez sur la santé de cette chère Marguerite ; je les partage du fond du cœur et vais bien vite faire prier de tous côtés pour cette chère malade que j'aime aussi beaucoup. Immédiatement je l'envoie recommander aux prières de l'Adoration perpétuelle. Demain M. le Curé dira la messe à Saint-Roch pour elle et j'y inviterai bon nombre de nos personnes bien pieuses.

« Ma chère Adèle, on est doublement inquiet quand on est éloigné; tu me ferais bien plaisir (jusqu'au moment où vous ne serez plus inquiets) de me donner des nouvelles tous les jours, et si tu pensais que ton père et ta mère désirassent que je me rendisse auprès d'eux, tu n'aurais qu'à me l'écrire. N'ayant qu'un moment très court avant le départ du courrier, je n'ai pas la possibilité de répondre aujourd'hui à Gabrielle. Dis à ton père et à ta mère combien je pense à eux et à toutes leurs inquiétudes et recevez tous mes sentiments bien affectueux. Ta tante, E. DE POMEY. »

Au mois de juin 1863, après une maladie assez sérieuse de son frère Hippolyte, elle écrivait encore à l'aînée de ses filles : « La bonne nouvelle que tu me donnes, ma chère Adèle, que bientôt vous allez arriver à Amplepuis, m'a fait le plus grand plaisir. J'espère donc que la semaine prochaine ne se passera pas sans vous voir tous arriver. Si vous eussiez différé encore d'un certain temps, j'avais résolu, sitôt après la Saint-Jean, de vous aller voir; car le bonjour de Roanne, après une si longue absence, m'était insuffisant. J'ai la confiance que nous serons dédommagés de cette séparation par l'immense satisfaction de la guérison aussi complète que possible de votre excellente mère. J'ai été on ne peut plus émerveillée de la bonne mine qu'a repris votre père ; je ne croyais pas qu'on pût revenir aussi vite d'une maladie aussi grave. Que d'inquiétudes elle nous avait données à tous ; aujourd'hui nous voilà dans un moment de répit sur les santés, bien doux à prendre ; espérons que le bon Dieu le fera durer longtemps. »

Voici encore une de ses lettres à la même nièce; nous n'avons pu nous procurer aucune de celles qu'elle a écrites à ses autres parents et c'est un bien vif regret pour nous. Elle écrivait, le 6 octobre 1864 :

« Ma chère Adèle, j'ai reçu avec grand plaisir ta lettre qui m'a appris la bonne nouvelle que Gabrielle allait beaucoup mieux... Si je n'étais aussi éloignée, j'aurais été la complimenter de vive voix; mais à cette distance on ne peut aller se voir aussi souvent qu'on aimerait à le faire. Depuis votre départ je me trouve dans une bien grande solitude; mon piano est dans un profond silence; c'est te dire que j'éprouve aussi du vide de votre musique et de vos chants.

« Le facteur vient de m'apporter une lettre de l'Hôpital-le-Mercier; ton oncle m'apprend que les quelques jours de parfait repos qu'il a pris lui ont fait déjà beaucoup de bien. J'attendais avec impatience des nouvelles de ce pauvre genou. Si elles n'avaient pas été aussi bonnes, je me décidais à retourner en Charolais pour aller le voir et vous aussi, par la même occasion. Mais le temps que j'aurais pu y passer aurait été bien court. Nous attendons un Père capucin d'un grand mérite qui doit faire faire une retraite au Tiers-Ordre, dans le milieu de ce mois, et comme ce n'est pas souvent qu'on a cette faveur, je tiens à ne pas la manquer...

« Adieu, ma bien chère Adèle, je te charge d'embrasser pour moi ta mère, ton père et tes sœurs. Tu diras à petite Nini (1) que tous ses chats de Rochefort vont très bien; la dernière fois que je les ai vus, je les ai caressés à son

---

(1) Nom familier de Mlle Eugénie de Pomey, la plus jeune des filles de M. Hippolyte de Pomey, filleule de la Chanoinesse, et alors âgée de 9 ans.

intention. Je présume que vous lui continuez vos leçons et qu'elle gagne un grand nombre de bons points. »

On voit par ces quelques lettres quelle tendre affection la bonne Chanoinesse portait à tous les siens, quelles gracieuses attentions elle avait pour ses nièces, de quel délicat enjouement elle savait assaisonner sa correspondance.

CHAPITRE XIII

Ses voyages. — Voyage de Rome. — Sa charité à l'égard des séminaristes.— Les vocations religieuses.

ALGRÉ les soucis et le travail incessant que lui donnaient tant d'entreprises charitables, et malgré l'exercice continuel de son dévouement envers les pauvres et les malades, la Chanoinesse trouvait encore le temps et les moyens de faire d'assez fréquents voyages soit à Lyon, où elle avait ses deux sœurs Ursulines, où son frère Hippolyte passait les hivers et où elle comptait un bon nombre de parents et d'amis, soit dans le Charolais où elle avait des propriétés et des membres de sa famille, soit en Auvergne et dans le Vivarais où l'attiraient de temps en temps d'autres proches parents. Mais ces voyages n'avaient jamais pour but de lui procurer des distractions ou du repos ; le motif qui les déterminait était toujours la charité soit envers sa famille soit envers ses pauvres, et il était rare que ses voyages n'eussent pas pour ces derniers un résultat utile. On ne s'apercevait pas, du reste, de ses absences à Amplepuis, d'abord parce qu'elles étaient ordinairement courtes, la Chanoinesse ayant au suprême degré l'art d'être expéditive en tout, et ensuite parce que l'organisation de ses œuvres était si bien comprise que rien ne souffrait lorsqu'elle manquait pendant quelques jours.

Elle se décida cependant, en 1865, à faire un voyage extraordinaire et de longue durée. Ce fut sur les instances de l'une de ses amies et voisines, Mlle de Saint-Victor, qu'elle consentit à l'accompagner à Rome. Mlle de Saint-Victor habitait Ronno, paroisse voisine d'Amplepuis, où résidait sa famille. Ces deux dames étaient depuis de 'longues années unies par une étroite affection et par une parfaite communauté de vues et de sentiments. Comme Mme de Pomey, Mlle de Saint-Victor consacrait sa vie et sa grande fortune aux pauvres et aux bonnes œuvres et elle exerçait autour d'elle la bienfaisance la plus généreuse et la plus dévouée. Elle ne voulait pas mourir sans avoir eu la consolation de se prosterner devant le tombeau des Saints Apôtres et aux pieds du Vicaire de Jésus-Christ, de Pie IX, pour lequel elle avait toujours eu une particulière dévotion. Mme de Pomey, vivement encouragée par sa famille et ses amis, profita de cette occasion ; elle aussi vénérait le saint Pontife et désirait ardemment recevoir sa bénédiction pour elle et pour ses entreprises, et assister aux cérémonies de la Semaine Sainte, qui se déroulaient alors avec tant de splendeur et d'édification dans la Ville éternelle.

Les voyageuses se mirent en route dans les premiers jours du mois d'avril, accompagnées d'un domestique de confiance de Mlle de Saint-Victor. Elles arrivèrent à Rome le 8, veille du dimanche des Rameaux, après un voyage assez pénible ; car à cette époque, il n'y avait pas de chemin de fer entre la France et Rome et il fallait faire le trajet par mer ou traverser les Alpes en voiture, quelquefois même en traîneau, comme durent le faire ces dames, qui avaient préféré la voie de terre. Mlle de Saint-Victor, plus jeune que sa compagne, et douée comme elle d'une grande énergie et d'un robuste tempérament, ne voulut pas perdre une minute. A peine arrivées à Rome et avant même de s'être installées dans le logement qu'elles avaient fait retenir, elles coururent à Saint-Pierre, et, après avoir longuement prié sur le tombeau des Saints Apôtres, elles firent l'ascension de la coupole.

Le lendemain, après une nuit de repos bien nécessaire, elles eurent la joie d'assister à Saint-Pierre, à la bénédiction et à la distribution des palmes faite par le Saint-Père lui-même aux cardinaux, au corps diplomatique et aux personnages de sa Cour. Elles purent contempler longuement le Souverain Pontife, qui jouissait alors de toute sa vigueur et rayonnait d'une grâce et d'une majesté incomparables, dans tout l'éclat des fonctions pontificales. La vue du Vicaire de Jésus-Christ produisit dans l'âme de la Chanoinesse une profonde émotion et parut la délasser de ses fatigues. Les dix-neuf jours que ces dames passèrent à Rome furent bien remplis; visites aux églises, aux sanctuaires, aux mille souvenirs pieux de la Ville éternelle; assistance aux offices et aux cérémonies quotidiennes de la Semaine Sainte et des fêtes pascales, soit à la Chapelle Sixtine, soit à Saint-Pierre; ainsi se passaient leurs journées, de cinq heures du matin à dix heures du soir. Cette année-là les fêtes de Pâques furent splendides, à cause de l'immense concours des pèlerins réunis à Rome au nombre de près de cent mille, parmi lesquels on comptait soixante mille Français.

Pie IX se prêtait avec une gracieuse bienveillance à des audiences presque quotidiennes et se montrait à toutes les cérémonies. Les heureuses voyageuses purent assister le Jeudi saint au lavement des pieds des douze prêtres, accompli par le Saint-Père en présence d'une foule énorme de fidèles ; le Vendredi saint, elles gravirent à genoux l'Escalier saint et suivirent pieusement au Colisée, l'exercice public du Chemin de la croix, prêché par un père capucin. Le Samedi saint, elle furent reçues d'abord, au palais Farnèse, par la jeune reine de Naples, chassée de ses Etats avec son mari, après s'être illustrée au siège de Gaëte, et réfugiée à Rome sous la haute protection de Pie IX. Le même jour la Chanoinesse eut l'honneur d'être admise avec sa compagne à l'audience du Saint-Père, au palais du Vatican ; 1200 personnes étaient présentes. Ces dames eurent le bonheur de baiser les pieds et la main du Souverain Pontife et de l'entendre pendant une demi-heure, adresser aux pèlerins un émouvant discours en français. Puis elles mêlèrent leurs voix aux acclamations enthousiastes qui saluèrent le Pape-Roi, et prirent part aux démonstrations de filial amour qui l'accompagnèrent à sa sortie de la salle.

Des larmes coulaient de tous les yeux ; la bonne Chanoinesse ne retint pas les siennes. C'est à cette occasion qu'elle se fit un devoir de porter pour quelques instants ses insignes de Chanoinesse. Au sortir de l'audience, Mlle de Saint-Victor, transportée d'enthousiasme et de dévouement pour le Saint-Père, s'écria : « Je lui donnerais toute ma fortune ! » Et de fait, à partir de ce jour, elle envoya au Pape de riches offrandes ; Mme de Pomey, plus modeste peut-être, mais non moins vivement émue, se contenta de garder dans son cœur l'inoubliable souvenir de ce jour béni et de faire fructifier dans son âme la bénédiction que le Vicaire de Jésus-Christ lui avait donnée avec un doux sourire et de paternelles paroles.

Mme de Pomey avait quelques liens de parenté avec M. le Comte de Sartiges, alors notre ambassadeur auprès du Vatican ; Mlle de Saint-Victor avait de son côté de nombreuses relations parmi les zouaves pontificaux et parmi les membres de la haute société romaine. Grâce à ces circonstances, ces dames avaient pu obtenir facilement des cartes privilégiées pour les cérémonies de Saint-Pierre. Le saint jour de Pâques elles arrivèrent de grand matin à la basilique et purent se placer fort convenablement dans l'une des tribunes réservées, pour assister à la messe papale ; la chose n'était pas facile, à cause de l'encombrement. Elles purent suivre avec la plus grande piété et de très près les longues cérémonies de la messe solennellement chantée par le Saint-Père, entouré de toute sa cour et de nombreux officiants. Au sortir de la *fonction* sacrée, elles assistèrent à la bénédiction *Urbi et Orbi*, toujours si impressionnante, et unirent leurs voix et leurs vivats à ceux que la foule innombrable, massée sur la place, fit monter à ce moment vers le Pontife, à travers le fracas des canons du fort Saint-Ange, des cloches de la ville, des tambours et des musiques des régiments français convoqués pour cette cérémonie. C'est avec peine que ces dames purent ensuite arriver jusqu'à un restaurant du voisinage pour y prendre vers deux heures, leur premier repas de la journée. La fatigue était grande, mais la joie était au comble et faisait oublier la fatigue.

Malgré l'inévitable accablement des jours précédents et le besoin de repos que réclamait le corps, les intrépides voyageuses entendirent de grand matin, le lundi de Pâques, la sainte messe dans la prison Mamertine, et continuèrent toute la journée leurs courses à travers la ville. Durant leur séjour dans la Ville éternelle, elles ne se donnèrent pas un seul moment de répit ; elles voulurent visiter tout ce qui pouvait intéresser leur dévotion et leur piété ; elles descendirent dans les catacombes de St-Calixte et de Ste-Agnès, vénérèrent les grandes reliques de Ste-Croix-de-Jérusalem, les lieux sanctifiés par le martyr ou la sépulture de tant de saints. Elles obtinrent du Saint-Père plusieurs indulgences et du Cardinal Vicaire quelques précieuses reliques, qui restèrent comme un souvenir vivant de leur pèlerinage et dont la Chanoinesse s'empressa d'orner sa chapelle. Le soir on rentrait harassé, mais le cœur plein de reconnaissance envers Dieu, l'âme embaumée des parfums de Rome, et le lendemain on se trouvait tout dispos à recommencer.

Rien ne fut oublié. Mme de Pomey se serait contentée, pour satisfaire sa piété, de la visite des sanctuaires, de longues stations aux tombeaux des martyrs ; mais sa compagne plus robuste et douée d'ailleurs d'un goût artistique aussi éclairé qu'insatiable, entendait ne rien perdre des richesses de la Ville éternelle ; les visites aux musées, aux galeries particulières et aux monuments de la Rome ancienne tenaient leur place dans son programme. La Chanoinesse accompagnait partout son amie avec sa complaisance habituelle ; mais ces longues promenades à travers les interminables collections d'objets d'art l'intéressaient peu et lui causaient une énorme fatigue. Elle ne faisait pas d'objections, mais elle regrettait intérieurement que ce temps fût perdu pour sa piété et son instruction religieuse. Sa compagne ne s'apercevait pas de ces petites contrariétés intimes et voulait que rien n'échappât à la Chanoinesse toujours bienveillante et gracieuse.

Deux journées furent employées à des excursions aux environs de Rome, l'une à Tivoli, l'autre à Frascati. Avant leur départ elles eurent le bonheur de revoir encore deux fois le Saint-Père, de recevoir sa bénédiction et de baiser sa main. Elles firent, pendant leur séjour, la connaissance de Mme Stone, riche Anglaise et fervente catholique qui s'était dévouée au service du Souverain Pontife et des zouaves pontificaux. Mme Stone vint quelques années plus tard rendre visite à Mlle de Saint-Victor, dans son château de Ronno où elle passa quelques jours et où Mme de Pomey eut le plaisir de la revoir.

Ces dames quittèrent Rome le vendredi, 28 avril, l'âme inondée de joie, en remerciant le bon Dieu des faveurs spirituelles qu'il leur avait prodiguées durant leur séjour. La Chanoinesse, qui avait toujours eu la plus grande vénération pour le représentant de Jésus-Christ, lui voua dès lors un culte encore plus profond et un dévouement plus ardent, qu'elle s'efforça de faire partager en propageant autour d'elle la dévotion au Saint-Père et au denier de Saint-Pierre dont elle devint une active zélatrice.

Durant les années qui suivirent le voyage de Rome la charitable Chanoinesse s'occupa d'une façon spéciale de quatre séminaristes d'Amplepuis, sortis de l'école cléricale et qui poursuivaient leurs études dans les séminaires ecclésiastiques du diocèse. Non seulement, comme nous l'avons dit, elle payait la pension de plusieurs et fournissait une partie de leur trousseau, mais elle venait en aide à leurs familles pauvres et encourageait par ses lettres ces jeunes gens à être fidèles à leur vocation. Pendant les vacances elle les recevait tous les dimanches à dîner; dans la semaine elle leur envoyait de la viande pour les soutenir et quelques friandises. Souvent ils se réunissaient chez elle avec quelques jeunes gens de la paroisse pour y faire de la musique et y prendre leurs récréations. Mme de Pomey leur témoignait beaucoup de bonté, aimant à s'entretenir avec eux pour s'informer de leur santé, de leurs besoins, de leur avenir et elle ne leur ménageait pas les conseils qu'autorisaient sa

maternelle affection et son expérience dans les choses spirituelles. Elle apportait toutefois dans ces entretiens la plus
grande discrétion.

Elle avait présenté ses quatre protégés à son frère et à sa
belle-sœur de Rochefort et ils étaient reçus avec bienveillance au château, où assez souvent ils dirigeaient leurs promenades de vacances. Les jeunes nièces de Mme de Pomey
les avaient surnommés avec une innocente malice, *les petits
poulets de ma tante Eugénie*. Les domestiques du château
avaient entendu cette plaisanterie sans la comprendre et un
jour l'un d'entre eux les annonça sérieusement à Rochefort, sous cette rubrique « Messieurs Poulet » ce qui égaya
fort, comme on le pense, tout le personnel du château.

Aux vacances qui suivirent leur année de philosophie ces
jeunes gens revinrent très fatigués et amaigris ; l'un d'eux
même, très sérieusement atteint d'une maladie de poitrine,
dut interrompre ses études et mourut l'année suivante. La
Chanoinesse, informée que dans ce séminaire les élèves se
plaignaient généralement de l'insuffisance de la nourriture,
résolut d'en faire l'observation au Supérieur. La Providence
voulut que celui-ci vînt précisément à Amplepuis pendant
ces mêmes vacances ; Mme de Pomey alla le voir, le conduisit au chevet du malade et le conjura de veiller plus attentivement sur la santé des jeunes gens qui lui étaient confiés ; elle le fit avec tant de tact et d'autorité et appuya sa
demande de si pressants arguments que le Supérieur fut
vivement touché, convaincu, et promit d'apporter au régime
les améliorations nécessaires, promesse qui fut religieuse-
ment tenue dès l'année suivante.

Cette démarche lui était inspirée par sa charité, son
esprit de foi, par la haute idée qu'elle avait des devoirs de
ceux qui s'occupent de l'éducation de la jeunesse et par son

zèle à seconder l'action de Dieu sur les âmes privilégiées qu'Il appelle à son service dans la milice sacerdotale.

Nous devons ajouter que les protégés de Madame de Pomey correspondirent admirablement à la sollicitude de leur bienfaitrice et aux grâces de leur vocation ; ils se montrèrent toujours reconnaissants et ne cessèrent de témoigner à la généreuse Chanoinesse leur respectueuse affection et leur gratitude, surtout par leurs prières et leur souvenir devant Dieu.

De ces quatre enfants qui furent l'objet de ses soins particuliers, deux vivent encore, sont devenus prêtres et remplissent avec édification et avec zèle, dans le diocèse de Lyon, les fonctions pastorales ; un autre, nous venons de le dire, mourut d'épuisement avant d'avoir terminé ses études ; le quatrième entra dans la Congrégation des RR. PP. Lazaristes, où, après quelques années d'une vie sainte, le bon Dieu l'appela à Lui. Celui-là était l'aîné de deux enfants, dont la mère mourut toute jeune de phtisie. Leur père devint aveugle. La Chanoinesse visitait souvent cette intéressante famille dont la piété, les vertus et la misère l'avaient touchée. Elle prit soin du pauvre aveugle, l'assista avec la plus grande tendresse et pourvut à tous ses besoins ; le plus jeune des enfants fut confié par elle, aux Frères de Saint-Viateur ; pieux et doux comme son aîné, il fut admis à faire partie de la Communauté des Clercs de Saint-Viateur ; mais, profondément atteint dans sa santé par les privations qu'il avait endurées dans son enfance et par l'influence maternelle, après quelques années d'une vie très édifiante, il mourut tout jeune, suivant de près son frère aîné.

La Chanoinesse, qui avait pris à sa charge ces séminaristes pauvres, ne laissait pas de s'occuper de quelques autres, dont les familles plus aisées avaient moins besoin d'assistance ; elle aimait à les recevoir, leur parlait de leur vocation et de leurs devoirs, entretenait leur piété. Elle se montra pleine de sollicitude et de générosité envers ceux d'entre eux qui voulaient se consacrer à la vie religieuse ou aux missions ; elle affermissait leurs résolutions et semblait envier leur bonheur. Quand il en était besoin, elle se rendait auprès de leurs parents pour les encourager, les féliciter, les consoler et leur adoucir les amertumes de la séparation toujours douloureuse à la nature, même dans les familles les plus chrétiennes. Dans ces religieux et ces missionnaires elle voyait avant tout et uniquement des ministres de Dieu, des âmes vouées à son service, des apôtres de Jésus-Christ et elle voulait, par ses aumônes et sa charité, avoir une part à leurs mérites.

Souvent aussi elle aida et favorisa de tous ses moyens les vocations religieuses des jeunes filles, faisant elle-même les démarches nécessaires auprès de leurs familles et des supérieures des couvents où elles désiraient entrer. Plusieurs fois elle paya leur dot, en tout ou en partie, sollicita des réductions qu'elle obtenait presque toujours, étant très connue et très estimée dans presque tous les Ordres et Congrégations religieuses. On cite, entre autres succès, celui qu'elle obtint auprès du père d'une jeune fille appartenant à une famille aisée, et qui refusa longtemps son consentement à l'entrée de son enfant dans un couvent. Grâce au savoir-faire, à la patience, aux instances réitérées de la Chanoinesse et aux nombreuses prières qu'elle fit et fit faire à cette intention, le consentement si ardemment désiré finit par être donné et, ce qui était plus difficile encore peut-être, la dot de la postulante obstinément refusée d'abord, fut enfin libéralement accordée. Il serait difficile

d'énumérer tous les services de ce genre que la Chanoinesse rendit aux jeunes gens et aux jeunes filles de la
paroisse. Sa charité n'attendait pas qu'on vint la solliciter ;
elle allait au devant des besoins, des demandes, des difficultés, prenait d'elle-même l'initiative des bons offices
qu'elle rendait avec autant de modestie que d'empressement et de délicatesse.

Que de vocations elle a ainsi aidées et soutenues ! Combien de prêtres, de religieux, de missionnaires, de religieuses lui ont dû, après Dieu, en tout ou en partie,
d'avoir pu réaliser leurs pieux désirs et la volonté divine !
Que d'enfants et d'orphelins ont été soignés par elle ou
placés dans des Providences ! Que de jeunes filles ont reçu
d'elle des bienfaits de toute nature et lui ont dû une position honorable et la conservation de leur vertu ! Son
cœur était embrasé d'amour pour tous ceux qui souffraient
soit physiquement soit moralement, et dès qu'une misère
lui était signalée elle volait porter des secours ou des
paroles de relèvement et de consolation, sans qu'aucun
obstacle pût l'arrêter. On ne comprend pas, écrit sa nièce,
comment sa fortune et sa santé ont pu suffire à tant d'œuvres et à tant de zèle, et il y a là quelque chose de vraiment surnaturel.

Et puis, quels trésors de grâces devaient attirer sur elle
tant de prières, de sacrifices, de mérites qu'offraient chaque jour pour leur bienfaitrice vénérée toutes ces âmes
consacrées à Dieu, dans la ferveur de leur reconnaissance !
Que de bénédictions ceux qui partirent avant elle lui
obtinrent du haut du ciel, où, sans aucun doute, ils furent
pour elle de puissants protecteurs et des avocats assidus.

CHAPITRE XIV

Mariage de Mlle Adèle de Pomey, sa nièce. — Le chemin de fer d'Amplepuis à Lyon ; voyages de la Chanoinesse pour le placement des infirmes. — Quelques traits de sa charité. — Mariage de sa seconde nièce de Rochefort. — Mort de sa tante Mme la marquise d'Ozenay. — Sa profession dans le Tiers-Ordre de saint François.

E 21 avril 1866, l'aînée des filles de M. Hippolyte de Pomey, Mlle Adèle épousa M. le vicomte Paul de Rivérieulx de Varax, dont la famille habitait le château de la Duchère, situé à Vaise, aux portes de Lyon. La Chanoinesse fut heureuse de cette alliance, qui faisait entrer sa nièce dans l'une des familles les plus distinguées et les plus pieuses du Lyonnais.

Jusqu'en 1866 Amplepuis n'avait pas de chemin de fer, et les voyages étaient toujours assez incommodes ; le 15 mai de cette année on livra à la circulation deux tronçons, l'un de Tarare à Lyon, l'autre d'Amplepuis à Roanne, en attendant l'achèvement du tunnel des Sauvages qui les séparait et qui, l'année suivante, permit de mettre en relation

directe Amplepuis avec Lyon. La facilité des communica-
tions avec cette dernière ville fut bien agréable à la Chanoinesse qui y était souvent appelée non seulement par ses
relations de famille ou d'amitié, mais encore par les besoins
de sa charité. Elle aimait, en effet, à y conduire elle-même
les orphelins, les malades, les postulantes qu'elle faisait
admettre dans les hospices ou dans les couvents. Son frère
Hippolyte put aussi venir plus souvent à Rochefort pendant
l'hiver ; la bonne Chanoinesse veillait à ce que rien ne lui
manquât et elle le recevait chez elle quand il descendait à
Amplepuis.

Lorsqu'elle se rendait à Lyon avec quelqu'infirme et
qu'elle avait à y passer la nuit, elle allait habituellement
demander l'hospitalité, pour elle et sa compagne, à sa nièce
Mme de Varax, par qui, on le pense bien, elle était toujours
accueillie avec bonheur et avec la plus grande charité. Il
lui arrivait pourtant quelquefois de ne pas user de cette
gracieuse hospitalité ; c'était lorsqu'elle accompagnait des
malades ou des infirmes dont l'état inspirait une trop grande
répulsion ; sa délicatesse lui imposait ce sacrifice. Ce fut ce
qui arriva, en particulier, à l'occasion d'une pauvre femme
dont la figure était en partie rongée par un ulcère et dont
le mal était devenu si affreux, que personne ne voulait plus
l'approcher, surtout à cause de l'odeur insupportable qui
s'exhalait de la plaie. Or voici comment elle agissait en
pareille circonstance.

La bonne Chanoinesse avait sollicité et obtenu l'admis-
sion de cette infirme à l'hospice du Calvaire ; elle se chargea
de l'y conduire elle-même, ce qui ne se fit pas sans difficulté. On avait couvert d'un voile épais le visage de la
malheureuse ; mais en chemin de fer il fut impossible de
dissimuler son infirmité ; l'odeur la décelait malgré toutes

les précautions ; une jeune fille se trouva mal. Les voya-
geurs, touchés de compassion, firent entre eux une collecte
qu'ils remirent à la Chanoinesse. Arrivées à Lyon les voyageuses durent attendre quelques heures avant de pouvoir
se présenter à l'hospice, et la malade avait besoin de prendre
quelque nourriture ; dans l'état où elle était on ne pouvait
pas songer à demander à dîner nulle part. Que fit alors la
courageuse bienfaitrice ? Après avoir acheté les provisions
nécessaires, elle s'installa avec sa compagne, sur les marches
du trottoir du pont de l'Archevêché, comme font les men-
diants et à côté d'eux probablement, pour mieux se dissimuler. On eût sans doute toujours ignoré ce stratagème si
la Providence ne lui eût envoyé un témoin inattendu.

Tandis que les deux voyageuses prenaient tranquillement leur repas en plein air, M. Ludovic de Pomey, qui se
trouvait ce jour-là à Lyon, vint précisément à traverser le
pont. Quels ne furent pas sa surprise et son étonnement
lorsqu'il reconnut, à côté de la pauvre infirme, la Chanoinesse
de Pomey, sa sœur. Malgré les recommandations de
l'héroïque infirmière, il ne put s'empêcher de raconter à sa
famille ce qu'il avait vu. Or un jour qu'on parlait de ce fait
devant l'une des bonnes de Madame Eugénie, elle n'en
parut nullement étonnée, et elle ajouta que cette façon d'agir
était habituelle chez sa maîtresse et que, quand elle conduisait des infirmes à Lyon, elle avait coutume de prendre
ainsi ses repas, assise sur une borne ou sur les degrés d'un
trottoir, ce qui du reste lui paraissait tout naturel, voyant
chaque jour la Chanoinesse se faire la servante des pauvres
et partager leur manière de vivre.

C'était jusque-là qu'elle portait sa charité, et l'on pourrait rappeler bon nombre de faits du même genre, si les
témoins avaient pensé à les recueillir et si elle-même n'avait

apporté le plus grand soin à les dérober à tous les regards.

Pendant longtemps elle donna des soins quotidiens à une pauvre femme de la paroisse, couverte de vermine et dans un état lamentable. Elle la peignait, la nettoyait, la changeait de linge, lui rendait tous les services les plus répugnants, et cela jusqu'à la mort de sa protégée, dont elle ne recevait le plus souvent, comme remerciements, que des injures et des paroles blessantes, l'âge et les infirmités ayant achevé d'irriter le caractère naturellement acariâtre de cette femme. Et jamais un mot de reproche n'échappa aux lèvres de la bienfaitrice, qui redoublait de douceur et de patience et se réjouissait d'être ainsi traitée, se croyant suffisamment dédommagée de ses peines par l'amour avec lequel elle les prodiguait aux membres souffrants de Jésus-Christ, car c'était Lui qu'elle voyait, qu'elle servait, qu'elle aimait dans la personne des pauvres, quels qu'ils fussent.

Ayant une fois rencontré dans un chemin une pauvre femme de quatre-vingts ans qui se plaignait d'avoir froid, la bonne Chanoinesse lui donna séance tenante la jupe qu'elle portait.

Elle eut aussi des attentions toutes particulières pour un pauvre infirme, nommé Imbert, du hameau de Rébé, dont les membres tordus, retirés et en partie ankilosés faisaient de lui un véritable martyr. Elle le visitait souvent, le consolait, l'exhortait à la patience, lui parlait du bon Dieu, des mérites qu'il pouvait gagner en sanctifiant ses souffrances, et elle s'efforçait de lui apporter quelques soulagements en lui donnant des remèdes et quelques friandises. Elle composait elle-même, pour les douleurs, un onguent dont elle avait la recette et qui jouissait dans le pays d'une grande réputation ; de tous côtés on venait chercher chez elle " l'onguent de Madame de Pomey ".

Un domestique de M. Goutard, de Mioland, nommé Romeuf, étant devenu aveugle par suite d'un refroidissement contracté dans une écurie où il couchait, la Chanoinesse le prit chez elle pendant l'hiver et le soigna du mieux qu'elle put. Voyant que les remèdes restaient sans effet et qu'aucune amélioration ne se produisait dans son état, elle eut recours à l'intercession de la très Sainte Vierge ; pendant neuf jours elle conduisit, chaque matin, son pauvre aveugle à la chapelle de Saint-Roch, malgré le froid et la neige.

Sa foi et sa charité furent récompensées ; la vue revint progressivement au malade ; les premiers jours il commença à distinguer le chemin, puis les objets environnants, jusqu'à ce que, à la fin de la neuvaine, il recouvra complètement l'usage de ses yeux. Dire sa joie et sa reconnaissance envers la très Sainte Vierge et envers sa bienfaitrice ne serait pas possible. Cette guérison se maintint et, quelques mois plus tard, Romeuf devint homme d'affaires de M. le baron de Villeneuve, à Saint-Ferréol, près de Firminy, et excellent père de famille. Toute sa vie il conserva une profonde vénération et un vif sentiment de gratitude envers la Chanoinesse.

En 1867, la seconde fille de M. Hippolyte de Pomey, Mlle Marguerite épousa le beau-frère de sa sœur, M. Régis de Rivérieulx de Varax. Le nouveau lien qui unit les deux familles déjà si étroitement alliées causa une grande joie à Mme Eugénie ; ses deux neveux lui témoignaient une respectueuse et affectueuse vénération, et la plus grande charité continuait à régner entre tous les membres de ces excellentes familles.

Mme la Chanoinesse eut la douleur de perdre, en 1868, sa dernière tante paternelle, Mme la Marquise d'Ozenay ;

elle en éprouva un très grand chagrin ; car elle aimait tendrement cette tante. Elle eut la consolation d'assister à ses derniers moments et lui prodigua, comme elle savait le faire en ces circonstances, les prières, les encouragements et les paroles les plus propres à exciter sa confiance et son amour envers l'infinie miséricorde de Dieu.

Lorsqu'elle savait que quelque personne de sa famille ou de sa connaissance sollicitait une grâce auprès de Dieu, elle ne manquait jamais de s'unir à elle d'intention et de joindre ses prières aux siennes ; elle avait la coutume de faire prier alors à ces intentions les personnes pieuses et surtout les pauvres et les enfants. Nous en trouvons une preuve dans une lettre qu'elle écrivit, le 25 mai 1868, à Mme Adèle de Varax, sa nièce.

« Ma chère Adèle, lui disait-elle, j'ai reçu avec grand plaisir des nouvelles de votre voyage en Vivarais, où je vous étais particulièrement unie dans la demande que vous faisiez à saint François-Régis. Dans ce même moment deux de nos braves familles pauvres, reconnaissantes de ton aumône, faisaient une neuvaine avec tous leurs enfants, à votre intention.. J'ai bonne confiance que, dans quelque temps d'ici nous apprendrons que toutes ces prières, jointes au pèlerinage, ont fait violence au ciel et obtenu la grâce tant désirée... J'attends avec impatience la nouvelle des couches de Marguerite, je m'unis à vous, ainsi qu'un bon nombre de personnes, pour demander au bon Dieu qu'Il lui accorde une heureuse délivrance. Ce sera avec beaucoup de plaisir que je me rendrai à la cérémonie du baptême, si la chose est possible... »

Depuis quelques années la Chanoinesse faisait partie du Tiers-Ordre de saint François d'Assise, établi à Amplepuis par les RR. PP. Franciscains de Lyon. Elle s'était montrée

toujours très exacte à toutes les pratiques et à toutes les
observances de cette pieuse association, très assidue à toutes
les réunions, et très zélée pour la propagation de l'œuvre.
Elle se faisait un devoir et une joie d'assister à toutes les
retraites et elle donnait à toutes ses sœurs l'exemple de la
piété, de la ferveur, de l'humilité et de la fidèle observation
de toutes les règles. Ce fut seulement en 1869 qu'elle fit
sa profession de tertiaire ; elle s'attacha dès lors à garder
avec plus d'exactitude encore, s'il était possible, tous les
points de la règle ; elle aimait à revêtir, chaque fois qu'elle
le pouvait, le saint habit de l'Ordre et elle voulut, comme
nous le verrons, en être revêtue après sa mort et être en-
sevelie dans ce costume. On comprend quelle influence elle
exerçait sur tous les membres du Tiers-Ordre par son caractère, son ardente piété et l'exemple continuel qu'elle donnait de toutes les vertus religieuses.

CHAPITRE XV

Mort de sa belle-sœur, Mme Hippolyte de Pomey. — Fondation de l'école de Berland. — Sa conduite pendant les événements de 1870-71. — Elle reçoit chez elle sa sœur Hortense, expulsée de son couvent. — Sa tendresse envers ses nièces.

u mois d'avril 1870, un deuil bien cruel vint plonger dans la désolation toute la famille de la Chanoinesse. Mme Hippolyte de Pomey, de Rochefort, atteinte depuis longtemps d'une hydropisie, dont elle supporta les souffrances avec une patience et un courage admirables, rendit son âme à Dieu, à Lyon, le 2 avril, entourée de son mari, de ses filles, de ses gendres et de sa bien-aimée belle-sœur. La Chanoinesse ressentit vivement cette perte, à cause de l'affection profonde qui, depuis de longues années, l'unissait à sa belle-sœur. Malgré la résignation et la force surnaturelles qu'ils puisaient dans leur foi et dans leur soumission à l'adorable volonté de Dieu, les membres de la famille furent longtemps dans la plus douloureuse affliction. Mme Eugénie et sa belle-sœur s'écrivaient souvent et elles se visitaient fréquemment, quelle que fût la distance qui les séparait. La Chanoinesse, depuis le mariage de son frère

Hippolyte, avait été mêlée à tous les événements heureux ou tristes qui intéressaient sa famille ; elle était pour ses nièces une seconde mère, et après la mort de sa belle-sœur elle la remplaça vraiment auprès d'elles, comme nous le verrons bientôt ; les nièces, de leur côté, eurent toujours pour leur tante Eugénie le plus filial respect et la plus obéissante affection.

Au moment de la mort de Mme de Pomey, son mari s'occupait de fonder sur ses domaines de Rochefort une école de hameau, pour les petits garçons et les petites filles du voisinage. Il avait choisi, pour l'y installer, un emplacement très avantageusement situé au hameau de Berland, au point de jonction de la grande route d'Amplepuis à Tarare et du chemin carossable qui du château aboutit à cette route, tout auprès d'un ruisseau qui fournit, en cet endroit, la force motrice à une scierie appartenant à Rochefort.

Pour réaliser son charitable projet, M. de Pomey construisit une maison vaste, commode, bien aérée, qu'il pourvut de tout le mobilier nécessaire à une école. Il mit à la tête de cette école une personne sérieuse, qui joignait à une excellente éducation beaucoup de jugement, une grande piété et un égal dévouement, Mlle Déromaz. Les conseils toujours si sages et la vieille expérience de la Chanoinesse contribuèrent, dans une large mesure, à l'organisation puis au succès de cette école.

Les classes furent ouvertes le 1er mai 1870 ; dès les premiers jours on put réunir une trentaine d'enfants des hameaux voisins ; la directrice leur enseignait le catéchisme, la grammaire, le calcul, et aux filles la couture ; la classe des garçons se faisait le matin et celle des filles le soir. Il n'est pas besoin de dire que la bonne Chanoinesse fut enchantée de cette création ; elle venait souvent visiter

l'école, prodiguant à tous, à la maîtresse comme aux élèves
des paroles d'encouragement, de satisfaction et de bienveillance ; elle était là un peu comme chez elle et ces classes de
petits paysans lui rappelaient, à sa grande joie, celles qu'elle
avait faites si longtemps au château, à quelques pas de là.
Cette école rendit de grands services à la population rurale
de cette partie de la paroisse ; elle fut toujours prospère et
très bien tenue jusqu'au moment où, par suite de circonstances diverses, elle cessa de fonctionner, il y a une dizaine
d'années.

Lorsque survinrent, à la fin de la même année, la chute
de l'empire, la guerre avec l'Allemagne et les jours sombres
de la Commune, Mme Eugénie ressentit cruellement dans
son cœur le contre-coup de nos malheurs et en éprouva de
cruelles souffrances morales. Issue d'une famille de soldats,
où le patriotisme avait toujours été en honneur, élevée par
son père au récit des horreurs de la révolution et de la
Terreur, elle redoutait pour son pays le retour de tous ces
maux, car elle aimait la France ; l'honneur et la prospérité
de sa patrie ne lui furent jamais indifférents parce que,
quand la France souffre des révolutions, les pauvres et la
religion ont toujours à souffrir. A Amplepuis l'arrêt du
commerce et la suspension du travail dans les usines avaient
jeté dans la misère un grand nombre de familles. Il fallut
pourvoir à leurs besoins et, durant le terrible hiver de
1870-71, la Chanoinesse se multiplia pour les secourir.
L'urgence et l'étendue des maux doublèrent ses forces et son
dévouement ; toujours infatigable et sans repos, elle joignait
à la visite des pauvres et des malades et à de plus abondantes distributions d'aumônes, des prières plus ferventes
et plus multipliées, et elle demandait de tous côtés des
secours spirituels plus encore que des secours pécuniaires.

A une lettre adressée à l'une de ses nièces, le 15 juin 1871, elle ajoutait ce post-scriptum :

« Le travail a un peu repris ; le Comité de ces Messieurs nous a rendu de très grands services ; il n'a plus de ressources, nous allons donc avoir à soulager la totalité des pauvres, qui, à raison des grands jours et du commerce qui va tout doucement, seront en moins grand nombre que pendant l'hiver. Mlle Déromaz continue à être pleine de zèle et de dévouement pour sa classe et son voisinage, lorsqu'elle peut leur être utile pour le corps et pour l'âme ».

Si, au milieu du mois de juin 1871, elle laisse deviner tant de misères à soulager encore, on peut facilement imaginer ce qu'elle eut à faire et à souffrir pendant l'hiver précédent.

Et pourtant, au milieu de ces préoccupations et de ces embarras incessants, elle demeurait toujours calme, parfaitement maitresse d'elle-même et continuait à s'occuper avec une affectueuse sollicitude de sa famille, de ses nièces en particulier, de ses amis, sans négliger aucun exercice de piété, ni les intérêts généraux de son pays. Son courage et son énergie ne l'abandonnèrent pas un seul instant. Partout où elle voyait quelque bien à faire, partout où la religion était en cause, son zèle la poussait à l'action. C'est à ce titre que, à l'occasion des élections, elle mettait en jeu son influence sur ses frères, sur ses neveux, sur les personnes de sa connaissance pour les pousser à remplir leurs devoirs civiques ; non pas que jamais elle se soit mêlée à la politique, car elle se tint toujours soigneusement à l'écart de ces questions, mais elle savait qu'il y a pour les électeurs, en certaines circonstances, une obligation de conscience à exercer leur mandat. Les notes de sa nièce en fournissent une preuve :

« Après la mort de ma mère, y lisons-nous, mon père me mena aux eaux d'Uriage avec ma sœur Eugénie. Au milieu de notre séjour nous vîmes tout d'un coup arriver ma tante qui venait passer quelques jours avec nous pour remplacer mon père, afin de lui permettre d'aller lutter pour les élections ; car elle le voulait toujours sur la brèche.

« Elle fut pour lui, ajoutent les mêmes notes, non seulement son aide toutes les fois que des élections où l'intérêt de la commune était en jeu se présentaient, mais elle le relançait sans cesse avec ce zèle pour le salut des âmes, qui ne craint jamais d'importuner. »

Quelle énergie de caractère, quelle intelligence du devoir ne montre pas une telle conduite !

Tandis qu'à la suite de la révolution de 1870, les sectaires s'étaient emparés du pouvoir à Lyon, comme à Paris, ils en usaient pour piller les couvents et en chasser leurs paisibles habitants. La sœur de Mme Eugénie, la Mère Hortense, religieuse ursuline, alors âgée de 63 ans, se vit, elle aussi, forcée de quitter sa retraite et elle vint demander asile à la Chanoinesse, qui la reçut en pleurant et l'installa chez elle. Habituée depuis de longues années à la vie calme et régulière de sa communauté, on n'a pas de peine à comprendre combien la pauvre religieuse dut souffrir de se voir violemment arrachée à son cloître, rejetée au milieu du monde et obligée de vivre de la vie des séculiers. Nulle part pourtant, elle n'eût pu trouver un abri entouré de plus chaudes affections et de conditions plus favorables pour continuer, autant qu'il est possible dans le monde, ses pieux exercices de prière et de contemplation. La maison de la Chanoinesse était réglée comme un monastère et tout y portait à la piété, tout y favorisait la sanctification, le genre de vie

qu'on y menait, les exemples de la maîtresse et du
personnel domestique; il n'y manquait même pas les
pénitences soit volontaires soit involontaires. Aussi
Mme Hortense fut elle profondément édifiée des vertus et de
la vie de sa sœur.

Mais elle dut y subir, malgré tout, le contact du monde,
les visites fréquentes des parents et des amis de la famille,
empressés de venir témoigner à l'exilée leurs respectueuses
sympathies; le va et vient continuel des pauvres, des men-
diants, des infirmes, des clients de la Chanoinesse, des
domestiques occupées à les servir et toutes les attentions
dont on l'entourait; Mère Hortense languissait et se prenait
à regretter son couvent.

Les deux domestiques de la Chanoinesse, si dévouées
qu'elles fussent au service de la Religieuse, ne voulaient pas
négliger celui des pauvres, plus nombreux que jamais en ce
moment, et, à certains jours, le soin de la maison restait
en souffrance. Accoutumées d'ailleurs à l'excessive indul-
gence de leur maîtresse, elles crurent ne devoir rien retran-
cher de leurs prières et de leurs longues oraisons. Aussi
arrivait-il qu'au moment où leur présence eût été nécessaire à la maison, elles étaient à l'église; bonne Mariette y
passait parfois une demi-journée à prier. Ces dévotions
naïves et assez mal entendues impatientaient la Religieuse,
formée à une piété plus haute et plus éclairée, et pour qui
les devoirs d'état devaient passer avant des pratiques de
surérogation; aussi appelait-elle la femme de chambre « une
machine à prières. »

Plusieurs fois elle eut à subir des mortifications imprévues
et absolument en dehors de toute règle. C'est ainsi que le
« mardi-gras, raconte la nièce, ma tante Eugénie ayant
oublié de commander son dîner et s'étant absentée un

moment avant le repas, ma tante Hortense passant par la cuisine, petite Fanchette l'avertit qu'elle ne préparait pas le dîner, n'en ayant pas reçu l'ordre de sa maîtresse. » Nous regrettons de ne pas savoir comment se termina l'incident, les notes que nous avons sous les yeux ne le disent pas ; mais « on comprend, ajoutent-elles, à quels sacrifices devait mener cette manière de vivre. »

La pauvre cuisinière était d'ailleurs si peu expérimentée dans son art que, Mme Charles de Saint-Victor étant venue voir Mme Eugénie pour lui demander à dîner et l'ayant trouvée absente, elle dut elle-même faire une partie du dîner pour son mari qui allait arriver par le chemin de fer. Une autre fois M. de Pomey ayant envoyé un lièvre à sa sœur, le jardinier Paturel et petite Fanchette l'écorchèrent et ayant trouvé naturellement l'intérieur de la peau violet, ils crurent qu'il était gâté et le jetèrent. On se figure la déception de M. de Pomey quand il demanda à sa sœur des nouvelles du lièvre. Pendant longtemps la bonne Chanoinesse dut subir les plaisanteries qu'on ne lui ménagea pas à ce sujet.

Mme Hortense, après quelques mois de séjour à Amplepuis, eut le bonheur de rentrer dans son monastère. Elle ne tarda pas à y mourir entre les bras de ses chères Sœurs et de sa bien aimée Chanoinesse, accourue auprès d'elle. Sans doute, les poignantes émotions qu'elle eut à supporter, les péripéties douloureuses par lesquelles elle passa ébranlèrent sa santé et avancèrent l'heure de sa récompense. Avant de rendre son âme à Dieu elle eut la consolation de s'entretenir avec sa sœur Eugénie, de lui faire ses dernières recommandations et de lui confier ses dernières volontés.

La Chanoinesse avait dû, à la même époque, prodiguer ses soins et donner l'hospitalité à une de ses cousines,

Mme de Bassignac, religieuse au coûvent de la Visitation à Lyon, chassée elle aussi de son monastère, d'où elle était partie sous un costume séculier, accompagnée d'une sœur converse. Etant entrée fort jeune à la Visitation, elle n'avait aucune habitude du monde et elle portait avec contrainte et gaucherie son vêtement d'emprunt ; elles furent prises toutes deux, à la gare de Perrache, pour des espionnes, et la foule menaçait de leur faire un mauvais parti. Un ouvrier du couvent, qui les suivait, eut beaucoup de peine à les dégager et elles arrivèrent à Amplepuis dans un état lamentable, en proie à la plus vive frayeur. Après quelques jours de repos et des soins affectueux, dans la maison de Mme Eugénie, celle-ci les fit accompagner par un homme de confiance jusqu'en Auvergne, dans la famille de Bassignac.

Pendant la guerre de 1870, la Chanoinesse avait organisé à Amplepuis, avec l'assentiment de M. le Curé, des prières pour la France. Chaque dimanche, après les vêpres, un grand nombre de personnes pieuses se réunissaient dans l'église paroissiale pour implorer la miséricorde de Dieu ; on faisait l'exercice du Chemin de la Croix ; on récitait le Saint Rosaire ; on faisait l'heure sainte. Ces pratiques entrèrent dans les habitudes de la paroisse, et elles se continuèrent longtemps après le retour de la paix. La Chanoinesse ne manquait jamais d'y assister, mêlée à la foule des fidèles, et elle donnait à tous l'exemple de la dévotion et de la ferveur.

Après la mort de sa belle-sœur de Rochefort, Mme Eugénie devint pour ses quatre nièces une véritable mère, leur donnant tout son dévouement et tout son cœur, s'occupant de leur santé, de leurs enfants, de l'avenir de celles qui n'étaient pas mariées, se faisant leur protectrice et leur confidente,

leur prodiguant avec une admirable délicatesse les conseils
de son expérience et de son affection. Elle montait souvent
à Rochefort porter à son frère Hippolyte les consolations et
les encouragements dont il avait besoin dans sa solitude.
Dans la lettre du 15 juin, dont nous avons cité plus haut
le post-scriptum relatif aux ouvriers, elle parlait ainsi à
l'aînée de ses nièces, Mme Paul de Varax :

« Ces jours-ci, avec tante Hortense, nous nous sommes
avec grand plaisir beaucoup entretenues de vous et de vos
petits enfants, bien gracieux et bien portants, ce qui est
bien précieux. Mon petit filleul est bien paresseux pour la
dentition ; mais comme il sera fort, il en souffrira peut-être
moins, c'est ce que je lui souhaite beaucoup. Il me tarde
de le revoir, ainsi que la petite Marie. Tu ne me dis rien de
ta santé, ce qui me fait penser qu'elle ne laisse rien à
désirer, sinon que de continuer à être prudente autant qu'il
est nécessaire, sans en rien diminuer, quoi qu'il en coûte,
par exemple dans ce moment où tu vas successivement
voir partir les uns et les autres et rester presque seule.

« Et cependant il ne faut pas s'en faire trop d'ennui et
trop se presser de quitter les Coteaux avant que l'heure
voulue par la prudence ne soit arrivée. Voilà mon sermon de
bonne tante qui aime bien sa nièce et qui compte en être
bien écoutée.

« Mercredi je me rendrai à la gare pour y voir Régis,
Marguerite et les petits enfants. Je regretterai de ne pouvoir
les emmener au moins dîner chez moi, mais je pense que
je fais ma demande trop tard et qu'ils sont attendus à heure
fixe à la gare de Vaise. Pendant que j'y pense, lorsque vous
viendrez à votre tour à la Duchère, si cela ne vous fait pas
trop de dérangement et surtout de la fatigue pour toi (à cause
de ton état) venez en passant au moins prendre mon dîner

de la poule au riz. Je serai heureuse de vous posséder quelques instants.

« Espérons que ce mois du Sacré-Cœur nous obtiendra de la miséricorde du bon Dieu, la cessation complète de la guerre civile pour la France et de grandes grâces au Saint-Père. J'ai envoyé à ton père une prière que je vous engage à copier et à dire tous les jours, en union avec un grand nombre de personnes qui la disent avec ferveur. Adieu, ma bien aimée Adèle, je t'embrasse de tout mon cœur, ainsi que les chers petits enfants, Gabrielle et Eugénie, que j'ai eu bien du plaisir à voir en Auvergne. Ce voyage paraissait leur être très agréable. Mes amitiés à Marguerite, en attendant de l'embrasser mercredi avec ses enfants qui, je l'espère, me reconnaitront l'un et l'autre. Adieu, encore, reçois, ainsi que Paul, mes sentiments les plus affectueux. E. DE POMEY. »

Ne sent-on pas dans ces quelques lignes sans apprêt et si pleines d'affection, toutes les tendresses d'une mère aimante et prévoyante, et ne dirait-on pas que la bonne Chanoinesse n'avait guère autre chose à faire qu'à s'occuper de ses parents. Et pourtant, au moment où elle écrivait cette lettre, les occupations étrangères ne lui manquaient pas, comme on l'a vu par le post-scriptum de cette même lettre, que nous avons cité un peu plus haut. Elle eut toujours l'art de mener de front et d'accomplir dans la plus large mesure, ses devoirs de piété, ceux que lui inspirait sa charité et ceux que réclamait sa constante affection pour les siens.

L'année suivante, lorsque le calme fut rétabli en France, Mme Eugénie s'occupa elle-même du mariage de la troisième des filles de M. Hippolyte de Pomey, Mlle Gabrielle, qui épousa, le 24 avril 1872, M. de Fraix de Figon. La première entrevue que la jeune fille eut avec son futur mari se fit en la présence et sous les auspices de la Chanoinesse. Au retour du voyage de noces, elle voulut accompagner elle-même la nouvelle mariée au domicile de son mari, au château de Figon, dans la Haute-Loire. Plus tard, lorsque Mme de Fraix eut la douleur de perdre son second enfant, la bonne tante accourut pour la consoler, soutenir son courage et l'assister dans cette pénible épreuve. Elle se faisait ainsi toujours toute à tous, et avait pour tous en toutes circonstances, des paroles de réconfort, d'espérance et des attentions pleines de tendresse.

Cependant le travail ne lui manquait pas à Amplepuis ; de nouvelles usines s'étaient ouvertes ; la population s'accroissait sans cesse et elle montait, à la fin de 1872, au chiffre de 6.400 habitants. La Chanoinesse, toujours vive et active, semblait prendre de nouvelles forces avec les années et à mesure que la charité réclamait d'elle plus de dévouement et de fatigues. Ses œuvres continuaient à prospérer ; elle les développait en proportion des besoins et grâce à son entente parfaite avec M. le Curé de la paroisse, au concours empressé de son frère et des familles aisées, sur lesquelles elle exerçait une influence de plus en plus efficace, grâce aussi aux secours surnaturels qu'elle ne cessait de solliciter par ses prières, elle put subvenir à toutes les nécessités.

CHAPITRE XVI

*Guérison miraculeuse de M. l'abbé de Musy à Lourdes;
la part qu'y prit la Chanoinesse. — Quelques autres
faits extraordinaires.*

ENTRE les dévotions que Mme Eugénie de Pomey
aimait à propager, celle des pèlerinages ne doit pas
être oubliée; bien qu'elle-même n'en ait pas fait
beaucoup, elle les encourageait de tout son pouvoir et y excitait
les personnes qui pouvaient les accomplir ou qui avaient besoin
de quelque grâce spéciale, et dans ce cas, si elles étaient dépour-
vues des ressources suffisantes, elle quêtait et les aidait elle-
même de ses aumônes. Elle ne manquait jamais de s'unir de
cœur et d'intention aux pèlerins de Lourdes, car elle avait
une très grande confiance en Marie Immaculée et en sa puissante et miséricordieuse intercession sur ce coin privilégié
de la France, où elle avait daigné se montrer et répandre
tant de faveurs et de miracles. Elle avait aussi un tendre
amour pour le Sacré-Cœur de Jésus; Paray-le-Monial et
son sanctuaire à jamais consacré par les merveilles du
Cœur de Jésus étaient pour elle le but de fréquentes visites,
que lui facilitait la proximité de deux châteaux appartenant
à ses frères, situés dans les environs de Paray et où elle allait

chaque année passer quelques jours. Ce fut dans cette petite
ville de Paray-le-Monial que se passa, en 1873, entre la
Chanoinesse et l'un de ses cousins germains, M. l'abbé de
Musy, de Digoine, une scène des plus touchantes et que l'on
peut à bon droit qualifier de vraiment extraordinaire; car
il semble bien que la sainteté et les dons surnaturels de
la Chanoinesse y éclatent d'une façon merveilleuse. Elle y
montra la prévision absolue d'un évènement miraculeux
que, naturellement, rien ne pouvait faire prévoir et qui
devait retentir dans le monde entier à la gloire de Notre-
Dame de Lourdes et aussi, ajouterons-nous timidement, à la
gloire de l'admirable Chanoinesse de Pomey.

Nous emprunterons les principaux traits du récit que
nous allons faire, à un livre bien connu d'Henri Lasserre :
Le Mois de Marie de N.-D. de Lourdes, où l'auteur a raconté
en détails le fait en question, détails dont l'entière exactitude a été certifiée par un *témoignage public* adressé à
l'écrivain par M. de Musy lui-même, par le prêtre qui fut
de longues années son compagnon avant, pendant et après
le miracle, et par Mlle Geneviève de Musy, sœur du miraculé.

M. l'abbé Victor de Musy était le second fils de M. le
comte Charles de Musy, oncle maternel de la Chanoinesse.
Né en 1832, il habitait, en 1873, le château de Digoine,
que les lecteurs connaissent déjà, avec son père, sa mère,
son frère aîné Humbert et ses enfants, et sa sœur Geneviève.
Dans sa jeunesse, une santé assez robuste, une haute taille
et un goût très prononcé pour les exercices du corps sem-
blaient lui promettre un avenir de vigueur. Mais vers l'âge
de dix-sept ans il éprouva des douleurs tantôt dans les reins,
tantôt dans les yeux ou dans les jambes. Un jour il déclara
à son père qu'il se sentait appelé à la vocation sacerdotale,
mais son état de santé ne laissait pas espérer qu'il pût jamais

réaliser ce pieux désir. Ce ne fut que grâce à une amélioration et sur de pressantes sollicitations qu'il fut admis, en 1851, au séminaire d'Annecy, à l'âge de 19 ans. Mais là ses maux s'aggravèrent et il ressentit les premières atteintes d'une maladie des enveloppes de la moelle épinière, qui devait bientôt envahir tout son corps, et l'on sait que devant ce mal toutes les ressources de la médecine sont impuissantes. Il dut bientôt quitter le séminaire et rentrer dans sa famille. Cependant son désir de se consacrer à Dieu ne faisait que s'accroître. A la suite d'un pèlerinage à Tours et de ferventes prières devant l'image de la sainte Face, vénérée chez M. Dupont, un mieux se manifesta et M. de Musy en profita pour entrer au séminaire de Saint-Sulpice. Mais bientôt sa vue s'affaiblit tellement que, en considération de son éminente piété, de la situation de sa famille et des marques extraordinaires de vocation qu'il présentait, on dut lui conférer le sous-diaconat dans des conditions tout à fait exceptionnelles, c'est-à-dire en le dispensant du bréviaire. Lorsque, en 1859, à l'âge de 31 ans, il fut ordonné prêtre, on dut encore user de privilèges spéciaux pour l'autoriser à célébrer toujours la même messe votive de la Sainte Vierge, qu'il savait par cœur, l'état de sa vue ne lui permettant pas même de lire dans un missel.

L'abbé de Musy s'installa alors à Digoine, au milieu de sa famille, et il eut la consolation de monter chaque jour au saint autel dans la chapelle du château. Les journées se passaient dans la prière et la méditation, et le malade trouvait dans le Saint-Sacrifice la grâce de supporter avec une angélique résignation le pénible état où le bon Dieu le réduisait. Puis, tout à coup, en 1862, ses jambes, envahies par la paralysie, refusèrent de le soutenir et il dut, malgré toute son énergie, renoncer à dire la sainte messe.

Toutefois, malgré ses souffrances et son impotence M. l'abbé de Musy ne restait pas inactif. Dans ses promenades quotidiennes en voiture, il visitait les pauvres, consolait les affligés, secourait les malheureux et aimait à s'entretenir avec les paysans du voisinage.

Non loin de Digoine vivait alors, dans un manoir solitaire, un vieux gentilhomme, chrétien de vieille race, parent et ami de la famille de Musy, M. de Montagu, atteint d'une hydropisie de cœur qui l'acheminait à grands pas vers le tombeau. L'abbé Victor visitait souvent le vieillard, et les deux malades s'oubliaient dans de longs entretiens. Un jour du mois d'octobre 1870, M. de Montagu, vivement touché des malheurs de la France et en face de l'avenir effrayant qui la menaçait, s'ouvrit à son jeune interlocuteur d'un projet sur lequel il fondait à bon droit l'espérance de sauver sa patrie. La bienheureuse Marguerite-Marie, lui dit-il, a écrit : *le Sacré Cœur sauvera la France*. Eh bien ! le moment prédit est peut-être venu. Essayons donc de mettre dans les mains de nos soldats le véritable étendard chrétien portant brodé dans ses plis l'emblème vénéré du Cœur de Jésus-Christ. Envoyons ce drapeau à Paris afin qu'il flotte sur les murs de la capitale assiégée.

Cette idée frappa l'abbé de Musy ; il se promit d'en être l'exécuteur et il se mit à l'œuvre sans tarder. Ne pouvant écrire lui-même, et en l'absence de son secrétaire, le jeune abbé Antoine, il dicta à sa sœur Geneviève, pour la Supérieure du couvent de la Visitation de Paray-le-Monial, une lettre des plus pressantes, par laquelle il la priait de faire confectionner immédiatement, à ses frais, par les religieuses de sa communauté, un drapeau en soie blanche sur lequel serait brodée en or, avec l'image du Sacré-Cœur, l'invocation : *Cœur de Jésus, sauvez la France !*

Quelques jours après, la Supérieure informait M. de Musy que ses ordres avaient été exécutés et que le drapeau lui avait été expédié. Telle est l'histoire du premier drapeau du Sacré-Cœur, dû à la foi, au patriotisme chrétien, à la générosité de M. l'abbé de Musy.

Par suite de circonstances providentielles ce drapeau fut remis entre les mains du général de Charette, et l'on sait de quelle gloire il a été couvert, quel lustre il a acquis dans le sang des zouaves, et de quel frémissement d'enthousiasme les foules le saluent aujourd'hui quand il étale au vent des grandes fêtes catholiques les splendides blessures de ses plis déchiquetés.

Bien que l'histoire du drapeau de Patay ne se rapporte qu'indirectement à la biographie de la Chanoinesse, nous avons cru devoir la rappeler sommairement à propos des rapports extraordinaires qui vont s'établir entre elle et son cousin, dans le sanctuaire de Paray.

En 1873, il y avait vingt ans que M. de Musy était à peu près aveugle et onze ans qu'il était paralysé et incapable de marcher. A la fin du mois de mai de cette année M. l'abbé de Musy, dont les médecins avaient plusieurs fois déclaré la maladie incurable, se fit transporter à Paray-le-Monial pour y passer le mois du Sacré-Cœur, non pas dans l'intention d'y solliciter sa guérison, car il ne s'en croyait pas digne et était d'ailleurs absolument résigné à son état de paralytique et d'aveugle, mais pour y satisfaire sa dévotion que les évènements antérieurs avaient accrue dans une mesure facile à comprendre. Paray n'est qu'à trois heures de Digoine ; l'abbé de Musy y arriva accompagné d'un serviteur qui le conduisait à travers les rues de la ville dans une petite voiture à bras. Le lendemain de son arrivée, le 2 juin, cinq cents pèlerins de Marseille débarquèrent à

Paray ; M. de Musy voulut assister à tous les exercices du pèlerinage. Le prédicateur qui adressa la parole aux Marseillais, ayant aperçu parmi ses auditeurs ce prêtre paralysé, l'aborda à l'issue de la messe et, après l'avoir écouté : Vous guérirez, lui dit-il avec un accent de conviction qui l'étonna lui-même. Promettez-moi deux choses ; de prier pour ma paroisse et de m'écrire quand vous serez guéri.

— Il m'est facile de tenir la première promesse, répondit le malade ; pour la seconde, cela dépend de Dieu. Et il secoua la tête avec un sourire d'incrédulité.

Dans la soirée du même jour, un miracle éclatant mit en émoi les pèlerins de Paray : un pauvre paralytique, qui depuis vingt-cinq ans avait perdu l'usage de ses jambes, et que M. de Musy avait rencontré dès son arrivée à Paray, fut subitement guéri et se mit à courir en louant Dieu et le Sacré-Cœur. M. de Musy, témoin de ce miracle, en ressentit une profonde émotion et une grande joie pour le pauvre paralytique. Ayant réussi à l'aborder : Vous allez marcher et courir, lui dit-il, mais ces jambes que Dieu a guéries ne doivent pas aller nu-pieds. Laissez-moi vous donner vos premiers souliers. — Et, chaque jour, il se plaisait à s'entretenir avec le miraculé et à l'entendre parler de Dieu et de sa bonté.

Depuis vingt-deux jours, l'abbé de Musy priait à Paray, remerciant le Sacré-Cœur des grâces qu'il répandait sur lui et les pieux pèlerins ; mais il avait à peu près complètement renoncé à l'espérance d'être guéri, lorsque la divine Providence lui envoya elle-même cette espérance, par la bouche de la Chanoinesse de Pomey.

Madame la Chanoinesse se trouvait alors chez son frère M. Ludovic de Pomey, au château de l'Hôpital-le-Mercier, à 12 kilomètres de Paray. Apprenant que son cousin Victor de Musy était à Paray, elle résolut d'aller lui faire une visite ; il y avait vingt ans qu'ils ne s'étaient pas vus, et durant ce long espace de temps, ils n'avaient pas échangé une seule lettre. Poussée par une inspiration d'en haut, la Chanoinesse arriva à Paray, le 22 juin, accompagnée de son frère ; elle trouva son cousin sur sa chaise roulante, et, après les premiers compliments, après l'avoir un instant contemplé, comme écoutant en elle-même une voix intérieure, elle lui dit tout d'un coup et avec une certaine brusquerie pleine de douceur, dont elle était coutumière :

— Mon cousin, que faites-vous ici ?

— Mais, répondit le paralytique, je fais ici ce que font tous les pèlerins et ce que vous faites vous-même ; je prie, je commence et termine des neuvaines ; je récite le chapelet et les psaumes ; j'associe ma tiédeur à la ferveur des pieuses âmes...

— Voulez-vous bien vous en aller ! s'écria-t-elle en l'interrompant.

— Comment ! vous me conseillez de m'en aller !

Le prêtre n'en croyait pas ses oreilles.

— Oui, certes, reprit la Chanoinesse, votre place n'est pas ici ; *la Sainte Vierge veut vous guérir à Lourdes.*

— Mais qu'en savez-vous, dit alors le malade, de plus en plus étonné... Etes-vous dans les secrets du ciel ? ajouta-t-il avec une teinte d'ironie.

— Non. Mais je suis sûre que la Sainte Vierge veut vous guérir à Lourdes.

Et, sur de nouvelles marques d'étonnement du malade, la Chanoinesse renouvelait ses assurances : Allez à Lourdes, dit-elle encore, *la Sainte Vierge veut vous y guérir.*

Ebranlé par de telles instances et par le ton si hautement affirmatif de son interlocutrice, M. de Musy commença à prendre la chose au sérieux, et après avoir remercié sa cousine de l'intérêt qu'elle lui témoignait, il lui exposa combien il lui serait difficile d'entreprendre un pareil voyage, dans l'état où il était. M. de Pomey intervint alors et dit à sa sœur : Voyons, ma chère sœur, ne tourmentez point ce pauvre Victor pour une idée qui traverse votre imagination, et laissez notre vénérable cousin se diriger lui-même.

— Que ne puis-je faire passer ma foi dans vos cœurs ! repartit l'obstinée Chanoinesse; il faut qu'il aille à Lourdes !

— Et cet hiver, dit l'abbé de Musy, lorsque, pour avoir manqué ma saison d'eaux, j'aurai dans les épaules, dans les genoux, dans les reins quelques-uns de ces élancements douloureux qui m'arrachent des cris, je me dirai : Bon ! c'est à ma cousine de Pomey que je le dois.

J'en accepte la responsabilité.... Soyez certain que la Sainte Vierge veut vous guérir à Lourdes.

Devant cette étrange ténacité et la foi inébranlable de la Chanoinesse, M. de Musy fut vaincu.

— Eh! bien, soit ! dit-il; je m'abandonne. Mais je ne puis partir avant le retour de l'abbé Antoine, qui sera alors mon compagnon et mon garde-malade.

On consulta le calendrier : — Vous partirez le 6 août, dit Madame de Pomey, et vous vous trouverez ainsi à Lourdes pour la fête de l'Assomption.

A la suite de cette entrevue où l'on sent passer un souffle surnaturel, M. l'abbé de Musy fit ses préparatifs de départ. Il arriva à Lourdes le 8 août, accompagné de l'abbé Antoine. Durant la semaine qui précéda la fête de l'Assomption l'espérance se fit jour dans l'âme du malade; le 14 une paralytique guérit subitement à la Grotte ; ayant rencontré l'abbé Antoine, elle lui dit rayonnante : Confiance ! Aujourd'hui c'est moi, demain ce sera votre ami.

On sait la suite, et comment, le 15 août, vers huit heures du matin, dans la Crypte de la Basilique de Lourdes, au moment du *Sursum Corda* de la troisième messe qu'il entendait ce jour-là, M. l'abbé de Musy fut subitement guéri de sa cécité et de sa paralysie et recouvra instantanément, entièrement et pour tout le reste de sa vie, l'usage de ses yeux, fermés à la lumière depuis vingt ans, et l'usage de ses jambes qui depuis onze ans refusaient de le porter. Les échos du monde entier ont retenti de ce miracle, l'un des plus éclatants que la puissance miséricordieuse de Marie ait accompli dans son sanctuaire de Lourdes, et l'on ne peut trop admirer la part décisive qu'y prit la vénérée Chanoinesse dont nous esquissons la biographie. C'est là, certes, l'un des faits les plus frappants et les plus extraordinaire de sa vie, l'un des actes les plus merveilleux de sa charité envers les malades.

Après les actions de grâces dues et payées à la douce Reine du ciel, quelles actions de grâces ne dut pas rendre l'heureux miraculé à sa bienfaitrice la Chanoinesse, comme il l'appela depuis lors ! Et quelle émotion, quelle joie, quelle reconnaissance envers le bon Dieu et la Très Sainte Vierge durent remplir l'âme de la pieuse cousine à la nouvelle du miracle qu'elle avait annoncé et, on pourrait le dire, imposé avec une si extraordinaire assurance et auquel elle coopéra encore, sans doute, par la ferveur de ses prières.

M. l'abbé de Musy, quelque temps après sa guérison, ne manqua pas d'aller faire à la Chanoinesse une visite de remerciements ; il passa quelques jours à Amplepuis auprès de sa vénérée cousine. Ayant été prié par M. le Curé de la paroisse de faire, du haut de la chaire, le récit du miracle dont il avait été l'objet, il en reproduisit tous les incidents avec un tel accent de piété, d'humilité et de reconnaissance, qu'il arracha les larmes au nombreux auditoire venu pour l'entendre. Il se plut à attribuer, après Dieu et sa Mère Immaculée, cet insigne miracle à l'intervention de la Chanoinesse de Pomey, et rendit devant tout le monde un éclatant et délicat hommage à ses vertus, à sa charité, à sa sainteté, au bien qu'elle faisait depuis tant d'années dans cette paroisse par ses exemples et ses œuvres. La modestie de la Chanoinesse eût ce jour-là une rude épreuve à subir; elle ne savait comment cacher sa confusion. Personne du reste, ne fut surpris de ces éloges qui déjà étaient dans toutes les bouches et dans tous les cœurs.

Entre le miraculé et sa bienfaitrice, qui jusque-là étaient demeurés presqu'étrangers l'un à l'autre, s'établit, à partir de ce moment, une de ces saintes et profondes affections qui unissent les âmes supérieures, attirées par une sympathie surnaturelle, mille fois plus forte que les attractions naturelles. M. de Musy reçut, à différentes reprises, l'hospitalité chez sa cousine de Pomey et il appréciait de plus en plus ses éminentes qualités. Plein de vigueur et de santé, il voulut consacrer de suite les forces que la sainte Vierge lui avait rendues, au ministère des âmes. Il fut nommé, le 27 septembre 1874, curé de Chagny, au diocèse d'Autun, paroisse de 4.000 âmes, où il y avait beaucoup de bien à faire. Il correspondait assez souvent avec Mme de Pomey ; nous avons sous les yeux deux des lettres qu'il lui écrivait ; la première a trait à des affaires d'un intérêt absolument privé ; elle est datée du 29 novembre 1878 et se termine ainsi : « Ma chère Bienfaitrice... ; Priez pour que nous devenions des saints. Mes œuvres marchent bien ; les

Frères sont en grande prospérité. Je pense toujours à faire l'église, mais il n'y a encore rien ; les temps sont mauvais... Je suis, ma chère Bienfaitrice, votre très respectueux et tout affectionné, Victor. »

Et voici la seconde :

1879, Chagny, le 17 février.

« Ma vénérée Bienfaitrice, que vous avez bien fait de rompre mon silence, si peu conforme à la profonde affection que j'ai pour vous ! Je serai bien heureux de dire la messe que vous me demandez. Après la Vierge Immaculée, je vous dois ma guérison. Aussi votre souvenir m'est toujours présent.

« Je fonde ici une magnifique école pour le peuple ; c'est une grande œuvre qui doit me prendre ma bourse et peut-être toute ma vie. Priez pour moi. Je ne pense plus à construire l'église.

« Tout à vous de cœur.

« Victor. »

M. l'abbé de Musy est mort curé de Chagny, le 26 octobre 1897, dans sa soixante-dixième année, après avoir constamment édifié ses paroissiens par ses vertus et leur avoir consacré avec son dévouement de chaque jour, ses forces, ses talents, sa fortune et sa vie. Nous regrettons vivement que ses nombreuses occupations et sa trop grande modestie ne lui aient pas permis de rédiger lui-même la biographie de sa bienfaitrice ; il l'aurait fait avec l'onction, la distinction et le succès qu'on pouvait attendre de ses hautes qualités d'esprit et de cœur et de sa piété ; la mémoire de sa vénérée cousine y eût certainement gagné, et les lecteurs y eussent trouvé un charme et une édification que nous avons été incapable de lui donner.

M. l'abbé de Musy, après avoir reçu pendant quelques jours l'hospitalité chez sa cousine, racontait plus tard à quelques membres de sa famille que les nuits ne s'y passaient pas tranquillement. Il faisait allusion à des assauts que le démon livrait parfois d'une manière extérieure et sensible à la Chanoinesse, comme on le voit fréquemment dans la vie des saints et comme on en a eu des exemples célèbres dans celle du vénérable Curé d'Ars. Dieu permet ces manifestations et ces tracasseries de l'ennemi pour éprouver la vertu et le courage de ses serviteurs, pour leur avancement spirituel et pour montrer la puissance de la sainteté contre l'enfer. Le démon n'attaque ordinairement de cette façon que les personnes qui lui font elles-mêmes une guerre plus acharnée par leurs vertus, le travail énergique de leur sanctification et les efforts qu'elles font pour arracher les âmes au péché et les gagner à Dieu. Jamais la Chanoinesse ne fit la moindre allusion à ce genre de faits et elle dut certainement donner à ce sujet des ordres sévères et formels de silence à ses domestiques qui, sans doute, en devaient savoir quelque chose. N'y aurait-il pas des motifs de soupçonner quelque lien entre ces manifestations personnelles à la Chanoinesse et certains autres phénomènes surnaturels qui, à une époque antérieure, se produisirent au sein de sa famille, et dont elle fut elle-même plusieurs fois la victime, au cours des fréquentes visites qu'elle y faisait?

Si le bon Dieu laissa l'ange des ténèbres s'acharner ainsi contre sa servante, il permit aussi et, sans doute, plus souvent qu'on ne l'a su, que les bons anges l'assistassent d'une manière extraordinaire et visible. Nous n'avons recueilli que deux faits suffisamment caractérisés à l'appui de cette assertion, mais nous pouvons croire, sans être téméraire, que la modestie de la Chanoinesse en a dérobé bien d'autres à la connaissance des hommes. Ayant rencontré un jour une pauvre veuve, avec ses deux enfants, qu'elle avait grand'peine à nourrir, la Chanoinesse fut émue de pitié et se fit raconter en détail les souffrances et les misères de cette petite famille ; l'ouvrage manquait souvent, on cherchait en vain et l'on priait beaucoup, mais on n'avait pas toujours du pain à manger. La bonne Chanoinesse donna à cette femme un petit pain, qui se multiplia merveilleusement et suffit longtemps à nourrir la veuve et ses deux enfants. « Un autre jour, raconte la nièce de la Chanoinesse, dont je copie les notes, ma tante avait une importante lessive à étendre, et ne possédait pas de grenier assez grand pour la recevoir. Une pluie battante dura toute cette journée; malgré cela le linge fut étendu dans le jardin et rentré le soir. Étant allées chez elle ce même soir, nous lui demandâmes si vraiment sa lessive était séchée dehors ; elle nous l'avoua, mais sans vouloir nous l'expliquer, et elle se contenta de sourire quand nous lui dîmes que les Anges l'avaient certainement aidée. » Ce petit fait, auquel nous n'attachons pas une importance exagérée, ne rappelle-t-il pas la lettre que saint Bernard écrivit un jour, sous une pluie battante, lui aussi, et qu'aucune goutte d'eau ne vint mouiller ? Et le bon Dieu n'a-t-il pas coutume de récompenser souvent ainsi la foi et l'amour que lui témoignent ses plus fidèles serviteurs ?

CHAPITRE XVII

*Première chute de la Chanoinesse. — Mort de
M. Dutour, curé d'Amplepuis. — Installation de son
successeur. — Achèvement et bénédiction de la chapelle des Sœurs. — Mariage de Mlle Eugénie de
Pomey, nièce de la Chanoinesse. — Anniversaire de
la guérison de M. l'abbé de Musy.*

Près la mort de Mme Hippolyte de Pomey, Rochefort
n'était pas resté désert ; outre que M. de Pomey
gardait encore auprès de lui la dernière de ses filles,
Mlle Eugénie, M. Paul de Varax, son gendre, y passait une
bonne partie de l'année avec sa femme et ses enfants, secon-
dant son beau-père dans l'administration et la surveillance de
ses domaines, prenant une part active à toutes les œuvres de
la paroisse. Les autres gendres de M. de Pomey se réunissaient souvent à Rochefort pour y goûter l'hospitalité d'un
père tendrement aimé et toujours heureux de recevoir ses
enfants. La Chanoinesse y faisait, elle aussi, de fréquentes
apparitions, soit pour y jouir de la compagnie de son frère
et de ses nièces, soit pour s'entretenir avec eux des intérêts
de ses œuvres. Elle s'y rendait tantôt à pied, tantôt en
voiture. Malgré ses soixante ans, elle était encore vive et

robuste, et l'âge n'avait rien diminué de son ardeur et de son activité; elle continuait à visiter les pauvres et les malades de la paroisse, à leur porter des secours et des bonnes paroles, et les longues courses ne paraissaient pas la fatiguer.

Ce fut dans l'un de ses voyages à Rochefort que lui arriva un accident fort grave, et dont les suites se firent sentir jusqu'à sa mort. C'était par une belle et chaude journée d'été, le 29 juillet 1875. Dans l'après-midi la Chanoinesse se rendait à Rochefort dans une voiture attelée d'un seul cheval très doux, que conduisait un domestique; arrivée à l'endroit de la route où aboutit le chemin qui conduit au château, elle fit monter dans la voiture Mlle Déromaz, l'institutrice de Berland, et renvoya le domestique, se chargeant de conduire elle-même le cheval, comme elle aimait à le faire quelquefois. Elle venait de traverser le bois de sapins, appelé le Bois-Fort, et se trouvait au-dessous de l'allée des tilleuls qui sert d'avenue au château, près d'un jeune frêne qui existe encore, lorsque, causant avec Mlle Déromaz, elle laissa tomber les rênes. Avec sa vivacité ordinaire elle s'empressa de descendre de voiture pour les ramasser, tandis que le cheval continuait à marcher. Malheureusement le pied lui manqua et elle tomba sur le côté. Malgré tous ses efforts et son énergie, il lui fut impossible de se relever, et elle éprouvait de vives souffrances. Mme Paul de Varax et son mari se trouvaient seuls en ce moment à Rochefort, attendant leur tante pour dîner et trouvant qu'elle était bien en retard, contre son habitude, car on connaissait son exactitude. Quelle ne fut pas leur surprise et leur effroi quand on entendit les cris de Mlle Déromaz et qu'on vint annoncer que la Chanoinesse gisait sur la route et demandait du secours.

M. de Varax, suivi des domestiques, se précipita vers le lieu de l'accident; on releva la blessée, qui souffrait horriblement, on la plaça sur un fauteuil et on la transporta au château très peu distant de cet endroit, accompagnée par son gendre et par tout le personnel de Rochefort. Un médecin de Tarare, mandé immédiatement, examina la malade et déclara qu'il n'y avait probablement pas de fracture, mais une forte contusion du col du fémur, et qu'un repos absolu de quelques jours était indispensable pour la guérison. On installa la blessée au château, où elle fut entourée, il est inutile de le dire, de tous les soins et de toutes les attentions les plus délicates. Mais on ne tarda pas à constater qu'il y avait eu, en réalité, fracture du col du fémur, et la malade dut passer de longues semaines dans l'immobilité et l'inaction. Ce repos forcé, si contraire à sa nature essentiellement active et ardente, lui fut bien pénible et elle dut faire des actes d'obéissance bien méritoires pour ne pas enfreindre la sévère consigne qui la retenait immobile; elle donna alors de grandes preuves de patience, de courage et d'abandon à la sainte volonté de Dieu.

Pendant tout le temps de son séjour à Rochefort, le château était devenu comme un lieu de pèlerinage; toutes les personnes pieuses d'Amplepuis et des environs, la plupart de celles que la Chanoinesse assistait venaient visiter la vénérable malade ou prendre de ses nouvelles. Cependant, malgré toute son énergie et sa vertu, son état général déclinait par suite de son inaction, et on dut l'autoriser à se lever avant la complète guérison. Comme il arrive presque infailliblement en pareil cas, surtout chez les personnes âgées, la jambe malade resta toujours plus faible que l'autre, et il en résulta une légère claudication, qui rendait la marche un peu pénible.

Aussitôt qu'elle put marcher, elle voulut quitter Rochefort, malgré les instances de son frère et de ses nièces pour l'y retenir; elle reprit dans sa maison 'd'Amplepuis son train de vie habituel, la direction de ses œuvres, le soin des pauvres et des malades. Elle dut pourtant restreindre dans une certaine mesure la longueur et la fréquence de ses courses. Mais sa charité n'en fut en rien diminuée, non plus que sa sollicitude pour ses clients; sans aucun ménagement pour elle-même, on continua à la voir tous les jours et par tous les temps se rendre de grand matin à l'église, ne rien changer à son règlement et porter aux infirmes et aux mourants les secours habituels, malgré la difficulté plus grande et quelquefois les douleurs que la marche lui faisait éprouver. Son indomptable courage surmontait tous les obstacles et rien ne put la déterminer à s'astreindre aux précautions et au repos relatif que réclamait son état. Pour elle les souffrances du corps n'étaient rien quand elle sentait autour d'elle quelque bien à faire, quelque misère à soulager, et sa robuste santé secondait son courage.

Quelques mois après cette chute le bon Dieu imposa à la vaillante Chanoinesse une épreuve bien autrement pénible pour elle : M. Dutour, l'excellent et sage curé d'Amplepuis, s'éteignit dans le baiser du Seigneur le 13 novembre 1875, à l'âge de 79 ans, après avoir gouverné pendant 38 ans la grande paroisse que la divine Providence lui avait confiée. A partir du jour de son installation, le 24 septembre 1837, il avait dirigé la conscience de Mme Eugénie et admirablement secondé en elle l'action du Saint-Esprit qui la poussait sans cesse dans la voie de la perfection.

Et certes M. Dutour méritait cette confiance; l'intégrité de ses mœurs, la dignité de sa conduite et de sa personne,

la rectitude de son jugement, la prudence et la sage lenteur
qu'il apportait à toutes ses décisions, l'esprit de foi dont il
les animait, la piété avec laquelle il accomplissait les fonctions sacrées et tous ses devoirs, le zèle des âmes qui
l'embrasait, l'activité toujours grave et pondérée qu'il
déploya dans l'exercice de son ministère, la douce fermeté
de son caractère et de sa parole toujours écoutée avec
respect et profit, l'affection dont il entourait ses paroissiens, la politesse et la distinction des manières, qui
lui étaient habituelles dans ses relations avec tout le
monde et spécialement avec les membres des diverses
administrations de sa paroisse, tout en lui révélait l'homme
de Dieu, une âme profondément sacerdotale, le pasteur
pénétré de la grandeur de sa mission et du désir de la
remplir à la plus grande gloire de Dieu et pour le plus
grand bien des âmes dont il avait la charge.

Cette mort fut pour Mme de Pomey un évènement bien
douloureux; elle perdait un conseiller de tous les jours, un
guide toujours sûr, un collaborateur presqu'indispensable,
le soutien nécessaire de ses œuvres, de sa charité, de sa
vie spirituelle. Elle s'était habituée depuis sa jeunesse à ne
rien faire sans son avis et son approbation, à lui obéir
aveuglément, en vertu même du vœu qu'elle avait fait, à
le prendre pour confident de ses peines, de ses joies, de ses
projets, de ses entreprises, de ses pensées et de ses sentiments les plus intimes. Toujours elle avait trouvé dans les
lumières de sa foi, dans les trésors de son expérience, dans
son inépuisable bonté les encouragements, les consolations,
la force morale dont elle avait besoin pour poursuivre, à
travers les obstacles et les difficultés de tout genre, le seul
but qu'elle avait assigné à sa vie, sa propre sanctification.
la gloire de Dieu et le bien du prochain. Les pages que

nous écrivons disent faiblement comment ces résultats ont été atteints par l'union constante et le concours dévoué de ces deux âmes providentiellement placées l'une à côté de l'autre pendant trente-huit ans.

Le coup que le bon Dieu venait de frapper fut rude pour la Chanoinesse; de tels liens ne se brisent pas sans de profonds déchirements de cœur; mais son esprit de foi, l'habitude qu'elle avait de voir et d'adorer partout et en tout la main infiniment miséricordieuse de Dieu, de se soumettre généreusement et amoureusement à sa très sainte volonté, l'énergie native de son caractère empêchèrent que l'abattement ou le découragement pénétrât dans son âme. Une nouvelle phase de sa vie, trop courte, hélas! commençait pour elle; elle attendit dans la prière, dans le silence, dans la paix et dans la confiance le nouveau guide et le pasteur inconnu que Dieu allait lui envoyer.

Le 30 janvier 1876 le successeur de M. Dutour fut installé à Amplepuis, dans la personne de M. Perrin. Les œuvres et le dévouement de la Chanoinesse de Pomey étaient connus dans tout le diocèse; elle reçut du nouveau curé les mêmes témoignages de respect et de vénération que lui avait donnés l'ancien pendant de si longues années. M. Perrin, dans la force de l'âge, plein de zèle, d'activité et de pieux dévouement, n'eut qu'à entretenir et à continuer les œuvres de son prédécesseur, qu'il trouva en pleine prospérité, et il le fit avec le concours toujours modeste, mais toujours empressé et toujours aimable de la bonne Chanoinesse, avec laquelle il ne devait malheureusement passer que six années à peine.

La chapelle des Sœurs, destinée à desservir à la fois l'hôpital, l'hospice des vieillards, le pensionnat et l'école des filles, n'était pas encore achevée et était encore en construction au moment où M. Perrin succéda à M. Dutour. La Chanoinesse, qui en avait en partie supporté les frais, avait gardé jusqu'alors, presqu'à elle seule, la direction des travaux, que lui avait confiée M. Dutour, heureux qu'il était qu'elle voulût bien s'en charger et émerveillé, du reste, des résultats de cette intelligente et active collaboration.

Lorsque le nouveau curé eut pris possession de son poste, Mme Eugénie, mue par un sentiment de délicatesse et de modestie, crut devoir remettre entre ses mains les pouvoirs de directrice qu'elle avait reçus de M. Dutour, en le priant de vouloir bien se charger lui-même désormais de la surveillance des travaux. Malgré toutes les raisons qu'elle fit valoir pour justifier sa demande, M. Perrin eut, de son côté, la délicatesse de ne pas accepter cette démission et il répondit gracieusement à la Chanoinesse qu'elle s'était trop bien acquittée jusque là de ses fonctions pour les résigner à la veille de l'achèvement de l'édifice, et il la supplia de vouloir bien continuer à s'en occuper comme elle l'avait fait jusqu'alors. La Chanoinesse fut très touchée de cette attention et elle avouait ingénuement plus tard qu'il lui en avait bien coûté pour faire cette démarche et qu'elle eût éprouvé beaucoup de peine à abandonner sa chapelle. Tant il est vrai que les actes d'humilité et de renoncement ne sont pas sans souffrance pour la nature, même dans les âmes les plus parfaites. Et d'ailleurs où en serait la valeur, s'ils ne coûtaient rien?

Mme Eugénie eut la consolation de voir se terminer sous sa direction, la construction de cette chapelle, à laquelle elle avait tant contribué par son intelligence, ses secours pécuniaires, son dévouement de tous les jours, et qui reste comme un monument éloquent de sa bienfaisance et de son amour pour sa chère paroisse d'Amplepuis. Le

27 août 1876, M. l'abbé de Musy vint bénir la nouvelle chapelle, entièrement achevée, décorée et ornée avec le goût parfait que la Chanoinesse savait apporter à tout ce qu'elle entreprenait. Elle voyait avec une légitime satisfaction le couronnement de cette grande œuvre, dont elle avait pris l'initiative, et qui comprenait dans un vaste et harmonieux ensemble l'hôpital, l'hospice des vieillards, le pensionnat, l'école des filles, la maison des Sœurs et la chapelle qui reliait entre elles ces différentes parties, leur servait de centre commun, d'où le divin Sauveur allait désormais faire rayonner sa protection et ses grâces sur les bonnes religieuses, si heureuses de le posséder auprès d'elles, sur les pauvres et sur les enfants confiés à leurs soins. Quelle joie, quelle consolation cette pensée ne devait-elle pas verser dans le cœur de la bonne Chanoinesse! Et combien de fois ne dut-elle pas venir épancher sa reconnaissance dans cette belle et gracieuse chapelle dont son habitation n'était éloignée que de quelques pas!

Mme Eugénie eut soin d'assurer l'avenir de l'hôpital et de la Providence des vieillards, appelés à rendre d'immenses services à la population, en fondant une association de prévoyance, dont les membres s'engageaient à verser un sou par semaine, et en organisant des quêtes, dont les produits s'ajoutent aux revenus de quelques immeubles et suffisent à entretenir ces deux œuvres.

L'année précédente, le 16 juin 1875 avait eu lieu le mariage de la quatrième et dernière fille de M. Hippolyte de Pomey, Mlle Eugénie, nièce et filleule de la Chanoinesse, avec M. Louis de Cotton. Comme toujours en pareille circonstance, la bonne tante et marraine, qui avait pour sa plus jeune nièce une tendre affection, se montra pleine d'entrain et de bonne humeur; elle assista à toutes les cérémonies et à toutes les fêtes, et surtout s'efforça d'attirer par ses prières d'abondantes bénédictions sur les jeunes époux. Mme de Cotton ne devait pas passer de longs jours sur la terre; elle fut enlevée à la tendresse de son mari et de sa famille le 18 avril 1883, à l'âge de 28 ans, moins de deux ans après la mort de sa bien aimée tante qu'elle eut la douleur et la consolation d'assister à ses derniers moments.

Le 15 août de la même année ramenait le deuxième anniversaire de la miraculeuse guérison de M. de Musy; l'heureux privilégié de la très sainte Vierge ne manqua pas de se rendre à Lourdes pour y remercier sa céleste Bienfaitrice; il désirait vivement y être accompagné par sa bienfaitrice terrestre. A ce moment-là, nous le savons, la Chanoinesse souffrait encore de sa fracture et il lui fut impossible de faire avec son cousin le pèlerinage projeté. Ce fut pour elle l'occasion d'un nouveau sacrifice et elle l'offrit de grand cœur à Marie Immaculée. Mais, afin de s'unir plus étroitement à M. l'abbé de Musy, elle se fit remplacer par Mlle Déromaz, qui accompagna de sa part deux infirmes envoyés d'Amplepuis à Lourdes, dont l'un mourut à Lourdes et l'autre revint avec une amélioration dans son état. La bonne Chanoinesse n'alla jamais à Lourdes, non pas que le désir lui en ait manqué, mais comme nous l'avons dit, elle ne voyageait jamais pour sa pure satisfaction personnelle, et elle se privait de bien des joies qui eussent été douces à son cœur, mais que n'eût point justifiées un motif plus élevé. Les grâces qu'elle eût reçues à Lourdes étaient sans doute accordées avec surabondance à ses sacrifices volontaires.

CHAPITRE XVIII

*Deuxième chute de la Chanoinesse. — Mort de sa
nièce Mme Paul de Varax. — Les soins qu'elle prend
de ses enfants. — Ses relations avec les familles
riches d'Amplepuis, son influence. — L'œuvre du
Manteau Saint-Martin. — Elle forme une personne
pour lui succéder dans ses œuvres.*

Un an environ après sa première chute, Mme Eugénie
en fit une seconde, moins grave en elle-même,
mais qui l'impressionna plus vivement peut-être
que la première. Nous n'en avons pas retrouvé la date exacte.
Un soir que la Chanoinesse rentrait chez elle, alors qu'il était
déjà nuit, elle tomba lourdement sur le côté gauche du corps,
au milieu de la cour d'entrée de sa maison. Elle était seule et
personne ne s'en aperçut sur le moment. La pauvre Chanoinesse, après avoir vainement essayé de se relever, se décida
à appeler au secours. Ses deux domestiques, occupées sans
doute à l'intérieur des appartements, n'entendirent pas ces
appels, et leur bonne maîtresse resta longtemps étendue sur
le sol, en proie à de vives douleurs, sans que personne vînt
à son aide. Cependant les gémissements que lui arrachait

la souffrance finirent par attirer l'attention d'une des
domestiques; elle s'empressèrent alors d'accourir et rele-
vèrent, non sans peine, la Chanoinesse. Celle-ci ne leur
adressa aucun reproche, ne fit entendre aucune plainte et
se contenta de dire : « Oh! que vous êtes sourdes! ».

On se fait facilement l'idée de la souffrance morale que
dut éprouver Mme Eugénie en constatant la faiblesse que
lui avait laissée sa première chute et les accidents auxquels
elle était désormais exposée. Elle, jusqu'alors si robuste,
si vaillante, si infatigable, qu'aucune course n'effrayait,
qu'aucun obstacle n'arrêtait, dont le pied avait toujours été
si sûr, elle allait devoir se ménager, surveiller sa marche,
se défier de ses forces. C'était un avertissement que le bon
Dieu lui envoyait et un signal de l'appel suprême qu'Il
devait bientôt lui adresser. Elle le comprit, et sans tristesse
ni regret, elle offrit généreusement le sacrifice de son
activité et se prépara plus immédiatement à la mort. Elle
redoubla de ferveur, s'efforça de s'unir de plus en plus
étroitement au divin Epoux de son âme, en consacrant à la
prière et à l'oraison tous les instants que ses œuvres lui
laissaient, en se rapprochant par les élans de son cœur de
Celui vers lequel montaient depuis son enfance tous ses
désirs et toutes ses aspirations.

Un nouveau deuil venait, vers le même temps, attrister
profondément la famille de Pomey et apporter une nouvelle
douleur au cœur si sensible et si aimant de la Chanoinesse.
Mme Paul de Varax, l'aînée des filles de M. Hippolyte de
Pomey, s'éteignit doucement à Rochefort, où elle habitait
avec son père et son mari, le 2 septembre 1876, à l'âge de
32 ans, après dix ans de mariage et après de longues
souffrances supportées avec le courage et la douce résignation d'une âme vaillamment chrétienne et toute embaumée

de sainteté. Ce fut encore la bonne tante Eugénie qui l'assista durant les derniers jours, lui prodigua les consolations et les encouragements, lui montrant le ciel, la soutenant de ses prières et de ses pieuses exhortations, jusqu'à son dernier soupir. Ce fut elle aussi qui se fit l'ange consolateur du pauvre père désolé et de l'époux laissé seul désormais avec cinq jeunes enfants. Rochefort venait de perdre encore une fois sa châtelaine ; c'était la troisième que la Chanoinesse voyait disparaître et qu'elle accompagnait au tombeau de ses aïeux. Mme Adèle de Varax laissait profondément gravée dans le souvenir de ceux qui l'avaient connue l'impression de sa piété, de sa bonté, de son inaltérable douceur, de sa charité aussi ardente que discrète, auxquelles la faiblesse de sa santé, sa modestie et son humilité prêtaient un charme qui captivait tous les cœurs.

Mme Eugénie, après la mort de sa nièce, s'occupa avec une sollicitude et une tendresse vraiment admirables des enfants qui venaient de perdre leur mère. Elle prit l'habitude de monter plus souvent à Rochefort, et remplit, une fois encore, les fonctions de maîtresse de maison, mais non sans s'être assurée de l'agrément et du consentement de M. Paul de Varax et de ses autres nièces ; car elle apporta toujours, dans ses relations avec ses neveux et ses nièces, la plus grande délicatesse et une extrême discrétion. La proposition que lui inspiraient en ces douloureuses circonstances sa charité et son dévouement, fut accueillie, comme bien on le pense, avec toute la joie et toute la reconnaissance que commandaient ses vertus et ses éminentes qualités.

Elle recommença dès ce moment à s'occuper de la surveillance et de la conduite des domestiques et prit en main la direction de l'instruction et de l'éducation des enfants de sa nièce. L'institutrice qu'on leur avait donnée ne faisait rien sans prendre les conseils et les avis de la Chanoinesse, et celle-ci entrait dans tous les détails, se faisait rendre compte du travail et des progrès des enfants, dont elle surveillait attentivement le développement, sous tous les rapports ; elle était vraiment leur mère et une mère vigilante, soigneuse, tendre et ferme à la fois ; elle était redevenue comme autrefois, l'âme de Rochefort, à la grande satisfaction et au grand avantage de tous. Et ainsi ses dernières années furent encore, par une miséricordieuse disposition de la divine Providence, employées et consacrées à cette œuvre de l'éducation de l'enfance, qu'elle avait tant aimée dans sa jeunesse et à laquelle elle s'était si généreusement dévouée dans ces mêmes salles du château paternel ; elle devait finir comme elle avait commencé, c'est-à-dire dans le travail et la charité.

Toutefois elle ne consentit pas à s'installer à Rochefort ; elle continua d'habiter sa maison d'Amplepuis et ne cessa pas de s'occuper activement et personnellement des pauvres, des malades et de ses œuvres ; c'était là toujours le principal objet de sa vie.

L'année suivante, en 1877, elle eut encore la douleur de perdre son oncle maternel, M. le comte Charles de Musy, père de M. l'abbé de Musy. Ainsi peu à peu elle voyait le vide se faire autour d'elle, dans ses affections, et s'en aller ceux qu'elle avait aimés ; sa pensée se tournait de plus en plus vers l'éternité où elle allait bientôt recevoir, elle aussi, la récompense de ses vertus et d'une longue existence toute consacrée à Dieu et au prochain.

Cependant la population ouvrière d'Amplepuis s'accroissait rapidement ; de nouvelles usines s'étaient établies, et les misères à soulager grandissaient en proportion du nombre des habitants. Des secours plus abondants devenaient nécessaires. C'est alors que, sur l'initiative de la Chanoinesse, quelques dames de la paroisse fondèrent l'œuvre du Manteau de Saint-Martin, dont le but était de fournir des vêtements aux enfants pauvres. Mme André Raffin et Mme Veillas, dont les maris étaient à la tête d'importants établissements industriels, en furent les premières directrices et cette œuvre rendit de grands services pendant quelques années.

La zélée Chanoinesse exerçait une heureuse influence sur toutes les personnes qui, par leur situation et leur fortune, pouvaient seconder sa charité ; elle avait su les grouper autour d'elle comme autour d'un centre d'où rayonnait l'amour des pauvres ; elle échauffait et encourageait leur zèle, soutenait leurs efforts, provoquait leur initiative, les formant à la fois, sans jamais blesser personne, à la piété, au dévouement et au service chrétien du prochain.

Elle entretenait d'affectueuses relations avec les familles du Repaire et de la Goutte ; elle aida puissamment de ses conseils M. Adolphe de la Goutte lorsqu'il établit à Amplepuis la Société de Saint-Vincent de Paul, qui a fait et fait encore tant de bien dans cette paroisse. Après la mort de ce fervent et parfait chrétien, dont la profonde piété et les touchants exemples répandaient un si pénétrant parfum d'édification, son frère M. Paul de la Goutte lui succéda dans les fonctions de président de la Société, occupées actuellement avec un dévouement et une distinction au-dessus de tout éloge par le neveu de la Chanoinesse M. Paul de Varax. Elle était attachée par une étroite affection à Mme Tholin, de Joasson, présidente de l'Adoration perpétuelle des enfants, femme d'une très grande piété, d'un esprit très cultivé, et toute dévouée aux œuvres de charité.

Elle était liée également par la ressemblance des goûts et par les relations du voisinage, avec Mlle Roche, dont l'habitation, contiguë à la maison des Sœurs, est devenue, à la mort de Mlle Roche, en 1897, la propriété de la Société civile établie pour administrer les biens des écoles. Des rapports du même genre, empreints de la plus franche cordialité et tout pénétrés d'esprit chrétien, existaient entre la Chanoinesse et les autres familles riches de la paroisse, les familles Raffin, Veillas et tout particulièrement les Goutard de Mioland, tout dévoués au bien. M. Jean-Marie Goutard, adjoint de M. de Pomey, était un homme énergique, ne comprenant pas les demi-mesures et prêt à combattre pour toutes les bonnes causes ; dans son paroissien, il n'avait que trois images : Pie IX, le comte de Chambord et Charette ; elles en résumaient toutes ses convictions.

Ce fut elle aussi qui forma aux œuvres charitables et au zèle infatigable celle qui devait lui succéder, Mlle Etiennette Dessalles, dont elle sut reconnaitre et apprécier le mérite, les vertus et le dévouement. A l'école de cette maitresse incomparable, à qui elle voua pour toujours une profonde vénération, Mlle Dessalles apprit à visiter les pauvres et les malades, à les secourir avec intelligence, à dépenser sans compter ses forces, son argent, son repos et sa vie au service des membres souffrants de Jésus-Christ. Aujourd'hui encore, elle continue, avec la même activité et la même bonté, à faire revivre au sein de la population ouvrière d'Amplepuis l'esprit d'ordre, la sollicitude attentive, l'admirable prodigalité d'elle-même, la piété, l'ardente charité de Mme de Pomey, sous les mêmes dehors de l'humilité, de la modestie, de la simplicité, avec les mêmes allures d'un zèle toujours en mouvement et qui sait se porter partout où l'appelle une souffrance, vertus dont elle a reçu l'exemple et l'héritage de la sainte et vénérée Chanoinesse.

Mme Eugénie, sentant ses forces s'affaiblir, s'était en effet adjoint une coopératrice active, intelligente et pieuse, capable de continuer après elle le bien qu'elle avait commencé et de soutenir avec succès le poids de tant d'œuvres entreprises successivement et qu'elle allait laisser en pleine prospérité. Ses espérances ne furent pas déçues ; le bon Dieu ne voulait pas que le dévouement qu'elle avait déployé pendant plus de cinquante ans s'éteignît avec elle, il lui accorda la grâce de trouver à ses côtés une âme généreuse et pénétrée de son esprit, en qui elle allait revivre, pour ainsi dire, et qui cultiverait avec soin le vaste champ de la charité qu'elle avait ouvert, travaillé, ensemencé, arrosé de ses sueurs et de ses prières ; Mlle Dessalles n'a rien laissé péricliter des œuvres dont elle avait recueilli la difficile et honorable succession.

Amplepuis. — Château de Rochefort ou est morte Mme la Chanoinesse Eugénie de Pomey

CHAPITRE XIX

Troisième chute de la Chanoinesse. — Sa dernière maladie. — Sa mort. — Ses funérailles. — Son testament. — Sa mémoire.

La Chanoinesse était heureuse de penser que sa collaboratrice continuerait auprès des pauvres de sa paroisse la mission de charité qu'elle avait si bien remplie. Elle allait bientôt, en effet, abandonner le champ de bataille où elle avait si vaillamment et si longtemps combattu pour la gloire de Dieu et le salut des âmes. Dans le courant de l'année 1880, se rendant à Lyon avec sa cousine, Mlle Geneviève de Musy, elle fit encore une chute qui heureusement n'eut pas de suites fâcheuses et sur laquelle nous n'avons pas de renseignements précis ; sa famille n'en fut informée que longtemps après, car la bonne Chanoinesse eut le soin de tenir caché cet accident, pour épargner à ses parents un sujet de peine et de nouvelles alarmes.

Elle ressentit, au commencement de l'année 1881, les atteintes du mal qui devait l'emporter. Elle commença à perdre l'appétit, elle maigrissait, ses forces diminuaient de jour en jour, et elle se rendait fort bien compte de cet état, quoiqu'elle espérât encore que son courage et sa robuste constitution triompheraient de ces malaises, dont elle ne soupçonnait peut-être pas la gravité et qu'elle dissimulait du reste de son mieux. Elle avait toujours éprouvé de la répugnance à consulter les médecins, dont son excellente santé lui avait jusqu'alors permis de se passer. Sur les instances de sa famille elle se soumit à un examen médical dont le résultat fut la constatation d'un cancer de l'estomac. Ses jours étaient comptés, et les six ou sept mois qu'elle vécut encore ne furent qu'une lente agonie et, à la fin, un martyre prolongé. Elle allait s'éteindre peu à peu dans la paix, dans la joie de l'âme, dans les douces espérances du ciel, vers lequel désormais allèrent toutes ses pensées et tous ses désirs.

Bientôt, en effet, elle perdit entièrement l'appétit et ne pouvait plus recevoir qu'une alimentation insuffisante ; puis de vives souffrances se firent sentir et allèrent toujours croissant ; la douce malade supportait tout avec une admirable patience ; jamais on ne l'entendit se plaindre ; son courage et son énergie faisaient l'admiration de tous ceux qui l'entouraient et paraissaient au-dessus des forces humaines. De plus en plus unie à Dieu, elle s'offrait en sacrifice pour les pécheurs ; on voyait sa ferveur et son affection pour les pauvres malades redoubler, sa tendresse pour les siens devenir plus expansive ; elle n'avait rien perdu de sa gaîté toujours douce et digne ; son bon sourire habituel éclairait sa physionomie toujours ouverte et sympathique ; elle cherchait, le plus qu'elle pouvait, à dissimuler ses souffrances à ses parents, afin de ne pas les affliger ; elle les rassurait et se montrait beaucoup plus occupée des autres que d'elle-même.

Elle avait pu encore, au mois de mai de cette année, se

rendre à Riom auprès de son frère Ludovic qu'elle aimait
à visiter. Le voyage fut pénible et ce fut sa dernière sortie.
Son frère Hippolyte, la voyant dépérir rapidement et comprenant qu'elle allait bientôt quitter la terre, voulut l'avoir
auprès de lui pour jouir de sa présence, s'édifier à son contact et lui prodiguer lui-même les soins que sa maladie
réclamait et qu'il ne pouvait supporter de lui voir donnés
par des étrangers. Il insista longtemps pour obtenir qu'elle
vînt s'installer à Rochefort; elle aimait tant sa maison
d'Amplepuis, où elle avait reçu tant de grâces, soulagé
tant de misères! Ce ne fut que lorsqu'elle comprit que sa
dernière heure approchait qu'elle se laissa transporter, et
elle le fit par esprit d'obéissance et de charité, pour ne pas
contrister son frère.

Une fois à Rochefort et contre toute attente, elle ne fit
plus aucune difficulté pour se laisser soigner, et elle accepta
volontiers et sans aucune objection tous les soins et tous
les remèdes qu'on voulut lui donner. Elle avait consommé
le sacrifice de sa volonté propre et ne voulait plus qu'obéir,
afin de se rendre semblable au divin Modèle qu'elle avait
constamment cherché à imiter durant sa vie et elle fut,
comme lui, obéissante jusqu'à la mort.

Instruite de la gravité de son état, sa nièce et filleule,
Mme Eugénie de Cotton accourut auprès d'elle; la bonne
tante qui avait tant aimé ses nièces, fut heureuse de les
voir à ses côtés. Mme de Cotton demanda à son père de
faire venir sa sœur, Mme de Fraix, qui, elle aussi, s'empressa d'accourir au chevet de la vénérée malade. Le bon
Dieu permit qu'après avoir montré toute sa vie tant de
zèle pour assister à leurs derniers moments les membres
de sa famille et tant de malades de toute condition, elle
eût elle-même la consolation de mourir entourée de tous

ceux qu'elle aimait le plus sur la terre, soutenue par leurs prières et leur pieuse affection.

Comme tous les malades, la bonne Chanoinesse se faisait encore quelque illusion sur son état et ne pensait pas être si rapprochée de son éternité. Elle s'en remettait d'ailleurs entièrement à la sainte volonté de Dieu, prête à se dévouer encore, à se dépenser pour les pauvres et pour son amour, s'il le lui demandait, acceptant au contraire avec soumission et avec joie de quitter ce monde pour aller jouir de sa divine présence, s'il le voulait.

Lorsqu'enfin elle ne put plus prendre aucun aliment et qu'elle sentit ses forces épuisées, elle ne se fit plus aucune illusion et elle laissa échapper cette exclamation : « Il faut donc mourir! » Elle se prépara ensuite au dernier passage par des actes continuels de foi, d'espérance, de charité, de contrition et de filiale confiance en la miséricorde de Dieu, et elle ne songea plus qu'à se réunir à son céleste Epoux. Elle reçut avec une profonde humilité et les plus vifs sentiments de foi les derniers Sacrements et fit encore une fois, avec la générosité qu'on pouvait attendre d'elle, le sacrifice de sa vie.

Durant sa maladie, toute la paroisse d'Amplepuis fut dans l'anxiété; tout le monde se préoccupait de son état, les pauvres surtout, qui la connaissaient si bien. De nombreuses et ferventes prières furent adressées de toutes parts au bon Dieu, à la Très Sainte Vierge, à saint Joseph pour demander sa guérison; les dames et les jeunes filles qui faisaient partie de ses œuvres, les familles pieuses dont elle avait gagné l'affection, celles si nombreuses qu'elle avait assistées, aidées, secourues, les enfants auxquels elle portait un si grand intérêt, les Religieuses et les Frères, qui lui devaient tant, les prêtres de la paroisse et ceux des

environs, qui avaient pu apprécier ses vertus et les services
qu'elle avait rendus aux âmes, ceux surtout qui lui étaient
redevables de leur éducation cléricale et jusqu'à un certain
point, de leur vocation sacerdotale, tous étaient dans la douleur et dans l'angoisse et tous ces cœurs unissaient leurs
prières pour obtenir à la vénérée malade soit un soulagement dans ses souffrances, soit une prolongation de sa vie,
soit la grâce dernière d'une sainte mort, selon que le bon
plaisir de Dieu le comporterait; car la Chanoinesse n'aurait pas souffert qu'on demandât pour elle autre chose que
l'entier accomplissement de la volonté en tout adorable de
son bon Maître.

Pour elle, toujours sensible aux témoignages d'affection
qu'elle recevait de tous côtés, elle se détachait de plus en
plus des choses temporelles et ne vivait plus qu'en Dieu.
« Comme nous lui demandions, écrit sa nièce, si elle ne
« se préoccupait pas de l'avenir de ses œuvres, qui lui étaient
« si chères, elle nous répondit : « Comment pouvez-vous
« croire que je sois nécessaire ? j'étais un instrument entre
« les mains de Dieu ; après moi, une autre ! » Ces paroles
la caractérisent bien; elle n'eut jamais la pensée d'être
quelque chose par elle-même; elle s'était constamment laissé
diriger par la grâce du Saint-Esprit comme un instrument
passif; tout autre qu'elle eût pu faire autant ou faire mieux.
Ce sont bien là les sentiments qui ont animé tous les saints
et ceux de la véritable humilité chrétienne, qu'elle avait
travaillé toute sa vie à acquérir.

Cependant la crainte des jugements de Dieu venait parfois la saisir ; elle savait combien est redoutable la justice
divine et quelle pureté de conscience elle exige pour
admettre les âmes même les plus saintes à la gloire du
ciel ; elle avait, du reste, pendant toute sa vie, toujours

été fortement impressionnée par cette crainte du jugement. Elle témoigna le désir de se confesser à son cousin
M. l'abbé de Musy, dont elle connaissait la piété et la ferveur. Elle pria donc son frère de lui écrire et de demander
à l'archevêque de Lyon les pouvoirs qui lui étaient nécessaires pour recevoir la confession de la mourante. M. l'abbé
de Musy, soit qu'il n'ait pas compris ce qu'on lui demandait, soit qu'il n'en ait pas eu le temps, ne vint pas.
La malade désirait s'entretenir avec un prêtre qui fût
étranger à la paroisse, mais ce désir ne fut compris que
trop tard ; on aurait pu lui procurer cette consolation, car
il y avait en ce moment, à Rochefort, un prêtre, M. l'abbé
Queyréron, précepteur du fils de Mme de Fraix ; on ne
pensa pas à lui, et la vénérable Chanoinesse dut faire encore
ce sacrifice de sa volonté. Elle l'accepta sans murmure et
sans montrer aucune contrariété. Le bon Dieu voulut jusqu'à la fin purifier cette âme par l'épreuve et par le sacrifice, elle accepta tout de sa main avec soumission et en
conformité avec son bon plaisir.

Puis elle régla elle-même, avec une tranquillité et une
précision admirables, les derniers détails. Elle fit préparer
une petite chapelle auprès de son lit ; sur son lit elle
voulut qu'on déposât son habit de tertiaire de saint François et demanda qu'on l'en revêtit après sa mort ; puis elle
pria ceux qui l'entouraient de réciter près d'elle, pendant
son agonie, les litanies de la Bonne-Mort, qu'elle avait
elle-même récitées si souvent au chevet des mourants. Elle
avait conservé intact l'usage de son intelligence et elle le
garda jusqu'au dernier soupir. Quand elle sentit que l'agonie commençait, ne pouvant plus parler, elle fit signe à ses
nièces que c'était le moment de commencer les prières ;
elle les suivit avec calme et avec une grande ferveur, mon-

trant qu'elle s'y unissait intérieurement, et elle ne cessa de prier avec ceux qui l'assistaient que lorsque son âme quitta son enveloppe mortelle pour remonter vers Dieu, qu'elle avait si fidèlement servi et si généreusement aimé. Et sa vie si édifiante, sa mort si douce et si sainte firent espérer à tous ceux qui l'avaient connue, qu'à ce moment le bon Sauveur, en la jugeant, lui adressait les consolantes paroles avec lesquelles il a promis d'accueillir ses élus : *« Bon et fidèle serviteur, entrez dans la joie de votre Maître. Car j'ai eu faim et vous m'avez donné à manger ; j'ai eu soif et vous m'avez donné à boire ; j'étais étranger et vous m'avez donné l'hospitalité ; j'étais nu et vous m'avez donné des vêtements ; j'étais malade et vous m'avez visité. »* Avec quelle justesse ces paroles du divin Sauveur s'appliquaient à celle qui en cet instant paraissait devant Lui !

C'était le 2 septembre 1881 ; la bonne Chanoinesse était âgée de soixante-sept ans et cinq mois et demi.

Ses funérailles eurent lieu le 5 du même mois. On peut dire sans exagération que la paroisse tout entière prit le deuil et se fit un devoir d'assister à la messe des obsèques et d'accompagner à sa dernière demeure la dépouille mortelle de son insigne bienfaitrice. Un grand nombre de prêtres des paroisses voisines, témoins de ses vertus et qui avaient éprouvé les effets de sa charité, vinrent joindre leurs prières à celles des prêtres d'Amplepuis ; la foule des pauvres, qui perdaient en elle leur mère et leur providence visible, firent à son cercueil le plus splendide et le plus somptueux cortège, tandis que leurs larmes rendaient à son dévouement et à sa charité le plus éloquent des témoignages. La longue file des dames et des jeunes filles qu'elle avait enrôlées sous les bannières de la bienfaisance chrétienne ; les enfants à qui leurs parents, leurs maîtres et leurs maîtresses avaient appris à la connaître et à la bénir ; les nombreux ouvriers et ouvrières à qui elle avait fait du bien mêlaient leur douleur et leurs regrets à ceux de sa famille désolée ; toutes les classes, toutes les conditions sociales y étaient représentées et chacun pouvait rappeler quelque trait de sa bonté, de son zèle, de ses vertus. Son éloge était sur toutes les lèvres et déjà sa mémoire devenait un objet de vénération pour tous les cœurs. Son corps fut déposé dans le modeste tombeau de sa famille, au cimetière paroissial, tout auprès et sous la garde de la chapelle de Saint-Roch, qu'elle avait tant aimée et où si souvent elle était venue prier.

Là, elle fut, selon la touchante expression de nos saints Livres, réunie à ses ancêtres, en attendant le jour de la glorieuse résurrection. Le caveau qui reçut sa dépouille mortelle renfermait, en effet, les corps de son père et de sa mère, de ses trois sœurs, Albine, Hortense et Octavie, de sa belle-sœur Mme Hippolyte de Pomey, de sa nièce Mme Adèle de Varax, et de quelques autres membres de sa famille. Quelques années plus tard, son cher frère Hippolyte devait prendre place à ses côtés. Un petit monument en forme de chapelle s'élève sur le caveau funèbre ; c'est là que bien des âmes reconnaissantes ou affligées sont venues depuis vingt ans et viennent encore verser des larmes et des prières et invoquer l'intercession de celle qui fut si bonne pendant sa vie et qui maintenant, nous en avons la confiance, unit, dans le sein de Dieu, à la bonté de son cœur charitable, l'efficace puissance des élus.

La Chanoinesse avait écrit son testament à la date du 1er mai 1880. Il est simple et court, et, outre trois dispositions spéciales en faveur de son frère Ludovic et de ses deux domestiques, il ne contenait que ces mots : « J'éta-

blis mon frère Hippolyte de Pomey mon légataire univer-
sel et mon exécuteur testamentaire. » Par une note à part
elle avait chargé son légataire d'exécuter ses intentions
pieuses et charitables. Nous avons dit dans quelles limites
elle avait fait le vœu de pauvreté : 1º en fixant une somme
annuelle, qu'elle ne pouvait pas dépasser sans permission,
pour ses dépenses personnelles ; 2º en considérant le capital
que lui avaient légué ses parents comme ne lui appartenant pas et comme devant retourner à sa famille, après sa
mort, sauf à l'entamer, si elle le jugeait nécessaire pour ses
œuvres, et avec la permission de son directeur, comme elle
le fit, en effet, dans quelques occasions ; 3º en considérant
le revenu de ses biens comme appartenant aux pauvres et
aux bonnes œuvres, auxquels elle les consacrait en totalité.

Telle fut la vie et telle fut la mort de la vénérée Chanoinesse Madame Eugénie de Pomey de Rochefort.

Nous avons essayé de faire connaître, autant que les
documents et les souvenirs recueillis nous l'ont permis, le
bien extérieur qu'elle accomplit dans la paroisse d'Amplepuis, les œuvres qu'elle fonda, qu'elle dirigea ou qu'elle
soutint de ses conseils, de sa bourse et de son infatigable
charité ; nous nous sommes efforcé de donner une idée,
bien incomplète, sans doute, de ses vertus intérieures, de
son humilité, de sa mortification, de sa foi, de son amour
pour Dieu, du soin avec lequel elle travailla sans cesse à son
avancement spirituel et à la perfection de son âme. Mais
Dieu seul a pu peser ses mérites et il les a récompensés
selon sa justice et sa bonté infinie. Ce qui reste après une
telle vie, pour sa famille et pour tous ceux qui ont eu le
bonheur de la connaître, c'est l'exemple qu'elle a donné à
tous de la douceur, de la simplicité, de la générosité sans

ostentation ; de la piété la plus vraie, la plus profonde et la plus ardente, de l'égalité d'une humeur toujours gaie et d'un caractère toujours prêt à rendre service ; de la fidélité la plus exacte à tous ses devoirs, du détachement des créatures, au milieu de la tendre affection qu'elle portait aux siens, de la violence continuelle qu'elle faisait à ses sens et à ses goûts, du respect et de l'obéissance à l'égard de ceux qui représentaient pour elle l'autorité de Dieu ; de la confiance aveugle envers les guides de sa conscience ; de toutes les vertus, enfin, qui font la femme forte, la parfaite chrétienne, la vraie servante de Dieu, la digne épouse de Jésus-Christ au milieu du monde. A quoi bon, d'ailleurs, chercher à la louer, quand on a raconté sa vie ; ses œuvres ne sont-elles pas une louange plus éloquente que toutes nos paroles ?

Daigne Notre-Seigneur susciter souvent parmi nous de telles âmes, qui sont l'honneur d'une paroisse, la gloire de la sainte Église, une bénédiction pour leur famille, le modèle des personnes de leur sexe et de leur condition !

Heureuses les familles qui comptent parmi leurs membres des âmes semblables à celle de notre Chanoinesse, où s'allient à l'illustration de la race et à la distinction de l'esprit la noblesse des sentiments et l'art difficile et si méritoire de dérober les brillantes qualités naturelles sous les charmes plus attrayants encore de la bonté, de la charité, de la modestie, du dévouement, de toutes les vertus surnaturelles !

Heureuses les paroisses où éclosent de telles fleurs de sainteté ! Elles les embaument de parfums qui attirent une rosée abondante de grâces divines et entraînent après elles bien des âmes jusqu'au ciel, en répandant autour d'elles la bonne odeur de Jésus-Christ.

Cujus memoria in benedictione est. (Eccl. XLV, 1)

EPILOGUE

A maison que la vénérée Chanoinesse possédait à Amplepuis et qu'elle habita pendant près de trente ans avait été destinée, dans sa pensée, ainsi que le vaste jardin qui lui faisait suite, à donner asile aux écoles des Frères et des Sœurs, dont elle prévoyait la laïcisation dans un avenir plus ou moins prochain. Elle avait pris ses dispositions en vue de cette éventualité. Son frère M. Hippolyte de Pomey, qu'elle en avait fait l'héritier, en était devenu le propriétaire aux yeux de la loi ; mais, en réalité, elle avait été donnée à M. le curé d'Amplepuis, qui en percevait les revenus pour les bonnes œuvres, en attendant qu'une Société civile se formât et en devînt elle-même propriétaire, en même temps qu'elle acquérait d'autres immeubles destinés à l'installation des nouvelles écoles.

L'année même de la mort de M. Hippolyte de Pomey, qui arriva le 13 février 1887, les Frères de St-Viateur furent chassés du local qu'ils occupaient. M. le curé Perrin fit alors construire une école pour les garçons sur un terrain appartenant à M. de la Goutte et contigu à la propriété de Mme de Pomey. Comme ce terrain était insuffisant pour recevoir les annexes et dépendances nécessaires à l'école, on utilisa à cet effet une partie du jardin de Madame

Eugénie. Les Frères prirent possession de ces bâtiments en 1888.

Onze ans plus tard, en 1899, l'école des Sœurs fut à son tour laïcisée et les religieuses de St-Charles durent abandonner la maison Buisson qu'elles occupaient depuis que la Chanoinesse l'avait acquise pour les y loger. La Société civile fit alors construire, sur le terrain qui constituait autrefois la majeure partie du jardin de Mme de Pomey, les bâtiments nécessaires pour l'école des filles, qui se trouvent ainsi contigus à la maison qu'habitait la Chanoinesse, et la maison elle-même sert aujourd'hui d'habitation aux Religieuses. Ainsi la maison et le jardin de la vénérée Chanoinesse sont entièrement occupés par les écoles soit des filles soit des garçons. La divine Providence a voulu donner à cette propriété de Mme Eugénie de Pomey, sanctifiée par sa présence et par ses vertus, une destination absolument conforme aux pensées et aux désirs qui avaient préoccupé son esprit, et la douce bienfaitrice de la paroisse d'Amplepuis continue encore à faire du bien aux enfants du pays, sur lesquels plane toujours son souvenir et, sans doute aussi, sa bienfaisante protection du haut du ciel.

Quant au château de Rochefort, il a été légué, en jouissance, par M. Hippolyte de Pomey, à son gendre, M. le vicomte Paul de Varax, qui l'habite et y continue avec la même intelligence et le même cœur que ses prédécesseurs, les nobles et chrétiennes traditions de la famille de Pomey.

NOTE. — Les personnes qui, après avoir lu cette notice, posséderaient quelques documents sur Mme Eugénie de Pomey ou connaîtraient quelques faits intéressants ou édifiants de sa vie, sont instamment priées de vouloir bien les communiquer à Mme de Fraix, au château de Figon, par Montfaucon (Haute-Loire). On sera très heureux de les utiliser pour compléter cette biographie, s'il y a lieu d'en donner une seconde édition.

TABLE DES MATIÈRES

Imprimerie Mougin-Rusand, Waltener et Cie sucrs, rue Stella, 3.